한글 묘법연화경 사경 ❷
목 차

第1卷   송경의식
        서품 제1
        방편품 제2
        비유품 제3

第2卷 **신해품 제4** 5
        약초유품 제5 46
        수기품 제6 94
        화성유품 제7 117

第3卷 오백제자수기품 제8
        수학무학인기품 제9
        법사품 제10
        견보탑품 제11
        제바달다품 제12
        권지품 제13
        안락행품 제14

第4卷 　종지용출품 제15

　　　　여래수량품 제16

　　　　분별공덕품 제17

　　　　수희공덕품 제18

　　　　법사공덕품 제19

　　　　상불경보살품 제20

　　　　여래신력품 제21

第5卷 　약왕보살본사품 제22

　　　　묘음보살품 제23

　　　　관세음보살보문품 제24

　　　　다라니품 제25

　　　　묘장엄왕본사품 제26

　　　　보현보살권발품 제27

　　　　촉루품 제28

【 사경발원문 】

년   월   일

사경인 :

묘법연화경(妙法蓮華經)
신해품(信解品) 제4

1.

그때에 지혜의 생명(慧命)인 수보리와 마하가전연·마하가섭·마하목건련이 부처님을 좇아 일찍이 없던 가르침과 세존께서 사리불에게 '최상의 완전한 깨달음'의 기별(記別) 주심을 듣자옵고, 희유한 마음이 생겨 뛸 듯이 기뻤나니.

곧바로 자리에서 일어나 옷을 단정히 여미고 오른쪽 어깨를 내보이며, 오른쪽 무릎을 땅에 꿇고서 일심으로 합장하고, 몸을 굽혀 공경하게 부처님의 존안을 우러러보며 사뢰기를:

"저희들이 승가(僧伽)의 우두머리로 나이도

많고 노쇠하였으며, 스스로가 이미 열반을 얻었다고 자처하며, 감당할 일은 없다면서 다시는 '최상의 완전한 깨달음'을 구할 생각이 없었사옵니다.

세존께서 예전부터 오랫동안 설법하셨거늘, 저희들이 그때 그 자리에 있었으면서도, 몸이 피곤하고 게을러서 오직 공(空)과 모양 없음(無相)과 조작 없음(無作)만을 사유하고,

보살의 가르침인 신통(神通)으로 노닌다거나, 불국토를 청정하게 밝힌다거나, 중생을 성취토록 하는 것에는 마음이 즐겨하지 않았나이다.

왜냐하오면 세존께서 저희들로 하여금 삼계에서 벗어나 열반을 증득토록 하셨다 여겼으며, 또한 저희들이 지금은 이미 나이도 많고 노쇠하여, 부처님께서 보살을 교화시키는

'최상의 완전한 깨달음'에는 한 생각도 선호하고 즐기는 마음이 없었기 때문이옵니다.

2.

저희들이 이제 부처님께서 성문에게 '최상의 완전한 깨달음'의 기별 주심을 듣자옵고, 마음이 매우 기쁘면서 미증유를 얻었사오며, 이제 뜻밖에도 홀연히 희유한 가르침을 듣자오니, 정녕 스스로 매우 경하할 일이옵니이다. 크고도 좋은 이익을 얻게 되었사오니, 한량없는 진귀한 보배를 구하지 않고서도 저절로 얻은 듯 하옵니다.

3.

세존이시여! 이제 저희들이 즐거이 비유로써 이 뜻을 밝힐까 하옵니니.

어떤 사람이 나이 어릴 적에 아버지를 저버리고 달아나서, 다른 나라에 오래 살기를 혹은 10년, 20년에서 50년이 되었더이다.

이미 나이는 들었으나 갈수록 더욱 곤궁하여 사방으로 떠돌면서, 옷과 음식을 구하다가 우연히 차츰차츰 본국을 향하고 있었사옵니다.

한편으로 그의 아버지는 예전부터 아들을 찾아다니다가 결국은 만나지 못하고 중간의 한 성에서 살게 되었거늘,

그의 집이 재물과 보배가 한량없어 금·은·유리·산호·호박과 수정·진주 등이 모든 창고마다 가득 찼으며, 남녀 하인들과 청지기와 관리자도 많았으며,

코끼리와 말과 수레와 소와 양이 수없이 많고, 들고 나는 이익이 다른 나라까지 미쳤으며, 장사치와 손님들 또한 매우 많은 큰 부자였나

이다.

 즈음하여 가난한 아들이(窮子) 여러 마을을 떠돌면서 나라와 도시를 거쳐, 마침내 그의 아버지가 사는 성(城)에 이르렀으나.

 아버지는 아들을 매양 생각하였지만, 아들과 헤어진 지 50여 년이 되도록 일찍이 누구에게도 이런 사실을 말하지 않고, 오직 스스로 마음속으로만 뉘우치며 탄식하기를,

 '내가 재물이 많아 금은보화가 창고에 가득하지만, 늙고 자식도 없으니 만일에 한 번 죽고 나면 재물은 흩어져 사라질 텐데 누구에게 물려주랴!'고 하면서, 매일매일 은근히 아들을 떠올리며 또다시 생각하기를,

 '내가 혹여 자식을 찾아 재물을 물려줄 수만 있다면, 마음이 편안하고 즐거워서(坦然) 다시는 걱정이 없겠다.'고 하였더이다.

4.

　세존이시여! 그때에 가난한 아들은 품팔이로 여기저기 떠돌다가, 우연히 아버지의 집에 이르러 대문 옆에 서서 멀찍이 바라보니,

　그의 아버지가 사자좌(師子座)에 걸터앉아 보배로 된 걸상(几案)에 발을 올려놓고, 여러 바라문과 찰제리와 거사(居士)들이 모두 공경히 에워싸고 있었으며,

　가치가 천만 냥이나 나가는 진주와 영락으로 그 몸을 치장하였고, 관리인과 남녀 하인들이 하얀 불자(拂子)를 손에 쥐고 좌우로 서서 모셨으며, 보배 휘장을 덮고 온갖 꽃으로 된 깃발을 드리웠으며,

　향수를 땅에 뿌리고 아주 좋은 꽃들을 흩뿌렸으며, 보물을 늘어놓고서, 내고들이고 주고 받는 등 가지가지로 엄정하게 꾸민 것이 이와

같아, 그 위덕이 특별히도 존귀하게 보였사옵니다.

 가난한 아들은 그의 아버지가 큰 세력이 있음을 보고, 공포심을 느껴 그곳에 온 것을 후회하면서 속으로 생각하기를,

 '저 사람은 혹시 왕이거나 왕족이리라. 내가 품팔이로 삯을 얻을 곳이 아니니, 차라리 가난한 마을에 가서 힘껏 땅을 일궈 옷과 음식을 쉽사리 얻으리라.

 이곳에 오래 머물다가 눈에 띄게 되면, 핍박당해 강제로 일을 하게 될지도 모르리라.'고 이렇게 생각한 아들은 쏜살같이 달아났나이다.

5.

 바로 그때 거부(巨富) 장자가 사자좌(師子座)

에서 아들을 바로 알아보고 마음속으로 크게 기뻐하며 곧바로 생각하기를,

'창고마다 가득한 나의 재물을 이제 물려줄 수가 있겠구나. 내가 항상 아들을 생각했으나 볼 수가 없더니만, 홀연히 스스로 오다니 정말로 바라던 일이 아니던가!

내가 비록 늙었으나 이러한 이유로 여전히 욕심부려 아꼈노라.' 하고서는, 곧바로 옆의 하인에게 급히 쫓아가서 데려오게 하였나이다.

그때 하인이 신속하게 달려가서 붙잡으니 가난한 아들은 소스라치게 놀라면서(驚愕) 크게 부르짖어 원망하되, '나에게는 아무런 잘못도 없거늘 어찌하여 붙잡는가?'

하인이 더욱 급하게 붙들고는 강제로 끌고 돌아오니, 가난한 아들이 스스로 생각하기를

'죄도 없이 잡혔거늘 필연코 죽이리라.'

그러고선 더욱 두렵고 무서워서 기절하여 땅에 쓰러지거늘, 그의 아버지가 멀리서 보고 하인에게 말하기를 '그 사람을 강제로 데려올 필요가 없으니, 얼굴에 찬물을 끼얹어 깨어나게 하고 더 이상 말하지 말지어다.' 하였나니.

왜냐하오면 아버지가 아들의 뜻이 하열(下劣)하고, 자기는 호화로운 부자라서 아들이 어려워함을 알았기 때문이옵니다.

장자가 자기 아들인 줄 확실히 알면서도 방편으로 남에게는 아들이란 말을 하지 아니하고, 하인을 시켜 '내가 이제 그대를 놓아줄 테니 마음껏 가라.'고 하였나니.

가난한 아들은 기뻐하며 땅에서 일어나 가난한 마을로 가서 옷과 음식을 구하였나이다.

6.

 그 뒤에 장자가 장차 아들을 유인코자, 방편을 베풀어 형색이 초췌하고 볼품없는 두 사람을 은밀하게 보내면서,

'너희가 그곳에 가서 조용히 가난한 자에게 저기 일할 곳이 있는데, 그대의 품삯을 두 배로 준다 말하고 가난한 자가 허락하면 데려와서 일을 시키도록 하라.

 만약에 무슨 일을 하냐고 묻거든, 그대를 고용하여 두엄을 치울 거며, 우리 두 사람도 그대와 함께 일한다고 할지어다.'

 두 하인이 곧바로 가난한 아들을 찾아가서, 그대로 알려 주었사옵니다.

7.

 그리하여 가난한 아들이 품삯을 먼저 받고

바로 두엄을 함께 치우거늘, 아버지는 아들을 보고 안타깝고 가엾이 여기다가 어느 날, 창문 밖으로 야위어서 초췌하고 분뇨(糞尿)와 먼지로 더럽혀진 아들의 몸이 멀찍이 보이거늘,

곧바로 영락과 곱고 부드러운 최상품의 옷과 엄정하게 꾸민 장신구들을 벗고서는, 거칠고도 때 묻은 허름한 옷으로 갈아입고, 몸에는 흙먼지를 묻히고서, 오른손으로 두엄 치우는 기구를 들고, 만만한 모습으로 일꾼들에게 말하기를,

'너희들은 부지런히 일하고 게으름을 피우지 말라.'면서, 이러한 방편으로 아들에게 가까이 접근하였나이다.

얼마 뒤에 다시 고하기를 '딱하구나. 이 사람아! 이제는 다른 곳으로 가지 말고 항상 이 곳에서 일하도록 하라. 마땅히 너의 품삯을

올려주겠으며, 항아리와 쌀과 밀가루 그리고 소금·식초 등 필요한 모든 것을 조금치도 어려워 말라.

또한 늙은 하인이 있거니와 필요하다면 도와주게 할 것이니, 마음껏 스스로 뜻을 편히 하게나. 나는 너의 아버지와 같으니 다시는 근심·걱정하지 말지어다.

어인 까닭인고? 나는 늙었고 너는 젊을 뿐만 아니라 너는 언제나 일할 적에, 속이거나 게으르지 않고 화내거나 원망하는 말도 하지 않더구나.

도무지 너에게는 나머지 일꾼들과는 달리 이러한 허물이 보이지 않기 때문이니, 지금부터는 친아들같이 대하리라.' 하고서는, 곧바로 장자가 이름을 지어주면서 아들이라 불렀나이다.

그때에 가난한 아들이 이런 대접을 기뻐하긴 하였으나, 여전히 일꾼으로 천한 사람이라 자처하니, 이러한 연유로 20년을 항상 두엄을 치우게 하였사옵니다.
　그렇게 지낸 이후에 마음이 서로 믿고 친해져서 출입에는 어려움이 없었으나, 여전히 그의 거처는 본래의 처소였나이다.

8.
　세존이시여! 그 뒤에 장자가 병이 나서 스스로 장차 머잖아 죽을 것을 알고 가난한 아들에게 이르기를,
　'지금 나에게 많은 금은보화가 창고에 가득하니, 그 안에 있는 많고 적음과 주고받을 것들을 마땅히 네가 다 알아두도록 할지어다.
　내 마음이 이러하니 분명히 이 뜻을 숙지하

도록 하라. 어인 까닭인고? 이제 너와 나는 다르지 않으니, 더욱 마음을 써서 빠뜨려 잃어버리지 않도록 하렴아!'

그리하여 가난한 아들이 곧바로 분부를 받자옵고, 금은보화와 모든 창고의 가지가지 물건들을 잘 관리하면서도, 한 그릇의 밥일망정 취할 뜻이 없었으며, 여전히 예전 처소에 있으면서 하열한 마음을 능히 버리지 못하더이다.

9.

다시 얼마 지나지 않아, 아들의 생각이 차츰 열려 편안하고 포부도 커져서, 스스로 지난날의 마음이 비루했다 뉘우친 걸 아버지가 알고서는,

임종할 즈음에 아들에게 명하여 친족과 국왕·대신과 찰제리와 거사들을 모두 다 모이

게 하고 곧바로 선언하기를,

'여러분들은 분명히 알지어니, 이 사람은 나의 아들이라오. 나의 소생인데도 어떤 성안에서 나를 저버리고 달아나, 50여 년을 외롭게 떠돌면서 갖은 고생을 겪었으니, 본래 이름은 아무개고 나의 이름은 아무개라오.

예전에 본래 살던 성(城)에서 걱정하며 찾아다니다가 홀연히 이곳에서 우연히 만나게 되었으니, 이 아이는 나의 친아들이며 나는 이 애의 친부(親父)라오.

이제 내가 가진 모든 재물은 전부가 아들의 것이며, 전에 출납하던 것도 이 아들이 알아서 할 겁니다.'고 하였나이다.

세존이시여! 그때 가난한 아들이 아버지의 이 말을 듣고, 곧바로 크게 기뻐하며 미증유를 얻고 생각하기를 '내가 본래 바라는 마음이 없었으나, 이제 이러한 보배창고를 저절로 갖게 되었다.'고 하였사옵니다.

10.

세존이시여! 대부호(大富豪)인 장자는 바로 여래시고, 저희들은 모두가 부처님의 아들과 흡사하니, 여래께선 항상 저희들을 아들이라 설하셨나니.

세존이시여! 저희들이 세 가지 괴로움(三苦)으로 나고 죽는 윤회 속에 온갖 심한 괴로움(熱惱)을 받으면서, 미혹되고 무지(無知)하여 소승법(小乘法)을 즐겨 집착하였거늘, 오늘 세존께서 저희들이 두엄 같은 모든 헛된 논쟁을 뉘우치고 버리도록 하셨사옵니다.

저희들이 소승법으로 부지런히 정진을 배가하여 얻은 열반은 하루 품삯과 같거늘, 이미 이것을 얻었다면서 마음속으로 크게 기뻐하고 스스로 만족하며, 불법(佛法) 가운데서 부지런히 정진한 덕분에 얻은 것이 매우 많다 여겼나이다.

그렇사오나 세존께서는 저희들의 마음이 부질없는 욕망에 집착하여, 소승의 법만 좋아함을 벌써 아셨기에 그대로 버려두시고는 '너희들도 틀림없이 여래의 지견인 보배창고의 몫이 있다.'고 분별해 주시지 않으셨사옵니다.

세존께서 방편의 힘으로 여래의 지혜를 설해 주셨건만, 저희들은 부처님을 좇아 하루 품삯 같은 열반만을 얻고서는, 크게 얻었다면서 대승에는 구할 뜻이 없었나이다.

또한 다시 모든 보살들을 위하여 여래의 지혜를 열어 보이시고 연설하시건만, 저희들은

여기에 원하는 뜻이 없었나니,

 왜냐하오면 세존께서는 저희들의 마음이 소승법만 좋아함을 아시고서 방편의 힘으로 저희 수준에 따라 설하셨건만, 저희들이 부처님의 진정한 아들인 줄 몰랐기 때문이옵니다.

11.

 세존께서는 부처님의 지혜를 조금도 아끼지 않으셨다는 걸 저희들이 이제야 알았사오니, 왜냐하오면 저희들이 본래부터 진정한 부처님의 아들이면서도 오직 소승법만 좋아했기 때문이옵니다.

 만약에 저희에게 대승을 좋아하는 마음이 있었다면, 여래께서는 저희를 위하사 곧바로 대승법을 설하셨을 것이옵니다.

 이 경에서는 오직 일승(一乘)만을 설하시니,

예전에 보살들 앞에서 성문은 소승의 법만 즐긴다고 꾸중하셨지만, 세존께서는 실제로 대승으로만 교화하셨나이다.

 그렇기에 저희들은 '본래부터 바라는 마음이 없었으나, 이제 법왕의 큰 보배가 저절로 들어왔으니, 부처님의 아들로서 마땅히 얻을 것을 모두 얻었다.'고 사뢰는 것이옵니다."

12.

이어서 마하가섭이 거듭하여 이 뜻을 펴고자 게송으로 사뢰기를:

   송1

 "저희들이 오늘에야
  부처님의 가르침을 듣자옵고
  뛰놀듯이 기뻐하며
  미증유를 얻었나니

頌2

성문(聲聞)들도 응당 부처
되리라는 부처님의 하신 말씀
위없이도 값진 보배 덩어리를
구함없이 절로얻듯 하나이다.

頌3

① 비유컨대 어린 동자 유치하고
철이 없어 아버지를
저버리고 달아나서
멀리 낯선 타관에서
② 여러 나라 떠돈지가
오십여 년(五十餘年)!
아버지는 걱정하며
사방으로 찾더니만
③ 찾고찾다 이미 지쳐
어느 성에 정착하고

크고 작은 집을 짓고 오욕락을
스스로가 즐겼나니
그의 집이 거부라서
많고 많은 금과 은과
자거(車渠)·마노(馬腦)
유리보배 진주 등과
코끼리와 말과 소·양
가마·수레(輦輿)
논과 밭과 남녀 하인
일꾼들이 많았으며
들고 나는 이잣돈이
타국까지 두루 미쳐
장사치와 손님들이
없는 곳이 없었으며
천만억의 대중들이
에워싸서 공경하고

항상(恒常) 왕(王)의
　　　총애 듬뿍 받았으며
⑧ 신하들과 호족들도
　　　모두가 다 존경하며
　　　이런저런 인연으로
　　　왕래자가 많았으니
⑨ 부유하기 이러하고
　　　그의 권세 대단하나
　　　점점 나이 늙어가니
　　　자식 걱정 더욱 심해
⑩ 밤낮으로 생각하길
　　　'죽을 때가 가깝거늘
　　　어리석은 나의 아들
　　　떠난 지가 오십여 년
　　　창고 안의 모든 재물
　　　이를 응당 어찌할꼬?' 하였나니

頌 4

① 그 무렵에 궁한 아들(窮子)
옷과 음식 구하느라
이 고을서 저 고을로
이 나라서 저 나라로
② 어떤 때는 얻게 되고
어떤 때는 얻지 못해
배를 곯아 야윈 몸에
부스럼과 옴이 났고
③ 차츰차츰 지나다가
아버지가 머무르는
성에 와서 품팔이로 떠돌다가
드디어는 부친 집에 이르렀네.

頌 5

① 그때 장자 집안에서
보배휘장 크게 치고

사자좌에 앉았는데
　　권속들이 에워싸고
　　여러 사람 호위커늘
② 혹은 어떤 사람 있어
　　금은보화 계산하고
　　들고 나는 재산들을
　　치부책(置簿冊)에 기록하니
③ 궁한 아들 아버지의 부유하고
　　존엄함을 바라보고
　　이는 필시 국왕이니
　　왕족이라 생각하고
④ '여길 내가 왜 왔던고?'
　　스스로가 놀랍고도 두려워서
　　또 한다시 생각하길
　　'여기 오래 머물다가
　　눈에 띄면 핍박받아

강제 노역 당하리라.'
⑤ 이런 생각 하자마자
　　쏜살같이 달아나서
　　빈촌 찾아 품팔이로
　　일하고자 하였나니
⑥ 이 때 장자(長者)
　　사자좌에 앉아서는
　　멀찍이서 말없이도
　　아들인 줄 알아보고
⑦ 바로 즉시 하인에게
　　쫓아가서 잡아 오라 시켰으니
　　궁한 아들 경악하여 소리치다
　　어리석게 땅바닥에 거꾸러져
⑧ '이 사람이 잡아가면 나를 필시
　　죽이리니 어찌 옷과
　　음식 땜에 여길 내가

왜 왔던고?' 하더이다.

頌 6

① 거부 장자 그의 아들
어리석고 용렬하여
아버지란 자기 말을
불신할 줄 알아채고
② 방편으로 한쪽 눈만
있는 자와 키도 작고
못생겨서 볼품없는
두 사람을 보내면서
③ '너희 가서 말하기를 우리 같이
품을 팔자 두엄더미
치우며는 너의 품삯
배로 준다 이를지라.'
④ 궁한 아들 듣고서는
기뻐하며 따라와서

두엄더미 치웠으며
여러 방도 깨끗하게 청소커늘
장자 항상 창문으로
그의 아들 바라보니
어리석고 용렬하여
비루한 일 즐겨하니
이에 장자(長者)
허름한 옷 걸쳐 입고
두엄 치는 기구 들고
아들에게 찾아가서
방편으로 접근하여 이르기를
'부지런히 일한다면
너의 품삯 더 줄거며
발에 바를 기름 주고
먹을 음식 넉넉하게
잠자리도 따뜻하게 해주겠다.'

　　　　때론 다시 충고(忠告)하되
'너는 응당 부지런히 일하여라.'
⑨ 어떨 때는 부드럽게 아들 같다
　　말하면서 거부 장자
　　지혜로워 차츰차츰
　　출입토록 하였으니
⑩ 이십 년이 지나서는
　　집안일을 하게 하고
　　금(金)과 은(銀)과
　　진주·수정 보여주며
⑪ 모든 재물 들고 남을
　　다 알아서 하게 하나
　　그의 아들 되레 문밖
　　초가집에 거처하며
　　스스로는 가난히어
　　이런 물건 자기에겐 없다 했네.

頌 7

　아버지가 아들 마음
　점점 넓고 커짐 알아
　모든 재물 물려주려
　친족들과 국왕·대신
　찰제리와 거사들을 모아놓고
　뭇 대중에 이르기를
　'이 아이는 나의 아들
　나를 떠나 타관살이
　오십 년이 되었다오.
　아들 와서 만난 지도
　이십 년이 지났으니
　예전 어느 성안에서
　아들 잃고 두루 찾아
　다니다가 마침내는
　이곳까지 왔나이다.

④ 내가 가진
집과 하인 모두 주어
마음대로 사용하게
하리로다.' 하였나니
⑤ 옛적 아들 가난하여
뜻과 마음 하열하다
이제 바로 아버지께
온갖 귀한 보배들과
⑥ 크고 작은 많은 집과
모든 재물 크게 얻고
아주 엄청 기뻐하며
미증유를 얻더이다.

頌 8

① 이와 같이 부처님도 저희들이
소승의 법 좋아한 줄 아시고서
'너희들도 성불(成佛)한다.'

아직까지 말씀하지 않으시고
　저희들이 모든 번뇌(無漏)
　　다한 경지 얻었지만
　　소승만을 이뤘기에
　　성문승의 제자라고 설하셨네.

　여래께서 저희에게 분부하사
　　'최상의 도 닦는 자는
　　틀림없이 성불한다
　　설하라.'고 하셨기에
　부처님의 가르침을 받자옵고
　　대보살(大菩薩)들 위하여서
　　온갖 인연·가지가지 비유들과
　　언사로써 무상도를 설했나니
　모든 불자 저희 법문
　　듣고서는 밤낮으로

사유하고 부지런히
　　　닦아 익혀 힘쓰거늘
　④이때 모든 부처님들
　　　바로 즉시 수기하사
　　'그대들은 오는 세상
　　　틀림없이 성불한다.' 하셨나니
　⑤일체 모든 부처님의 비밀하게
　　　간직하신 가르침은
　　　보살만을 위하시사
　　　그 사실을 설하옵고
　⑥참되고도 요긴함을
　　　저희에겐 설하지를 않으시니
　　　가난한 저 아들같이
　　　아버지를 가까이해
　⑦모든 재물 맡았으나
　　　취할 마음 없었듯이

저희들도 입으로는
불법 안의 보배창고 설하면서
스스로는 원하는 뜻 없었음이
또한 다시 이와 같다 하오리다.

저희들이 안의 번뇌 끊고서는
스스로들 만족하게 여기고서
애오라지 이 일만을 마치고는
다시 다른 일은 없다 하였으며
불국토를 맑히는것
일체중생 교화함을
저희들이 듣고서도
도무지가 좋아하질 않았으니
그 연유를 사뢰자면
일체법이 그 모두가
고요하고 텅 비어서(空寂)

생(生)도 없고 멸(滅)도 없고
④ 대(大)도 없고 소(小)도 없고
　　샘도 없고(無漏) 함도 없다(無爲)
　　이와 같이 사유(思惟)하고
　　좋아하지 않았었기 때문이며
⑤ 저희들이 기나긴 밤
　　부처님의 지혜에는
　　탐하지를 않았으며
　　또한 다시 원하지도 아니하고
　　스스로가 얻은 법이 가장 높은
　　경지라고 여겼으며
⑥ 저희들이 기나긴 밤
　　공한 법을 닦아익혀
　　삼계라는 고뇌 속의
　　환란에서 벗어나서
⑦ 윤회로는 마지막 몸

남음있는 열반안에
　　머무르고 부처님의 교화 받아
　　얻은 도가 헛되지가 않다면서
　　바로 이미 얻었으니 부처님의
　　크신 은혜 갚았다고 했나이다.

　　〔별1〕
① 저희 비록 불자들을 위하여서
　　보살의 법(法) 연설(演說)하여
　　불도만을 구하도록 하였으니
　　스스로는 이런 법에 오래도록
　　원하지도 즐기지도 않았으니
② 도사께선 저희 마음
　　살펴 아사 버려둔 채
　　처음에는 참된 이익
　　권유하지 않으시니
③ 거부 장자 아들 뜻이

　　　　용렬한 줄 아시고는
　　　　방편의 힘 사용하여
　　　　그 마음을 부드럽게 조복하고
　④ 그런 뒤에
　　　　모든 재물 맡겼듯이
　　　　부처님도 이러하셔
　　　　희유한 일 보이셨고
　⑤ 소승의 법 즐기는 걸
　　　　아시고는 방편의 힘 사용하셔
　　　　그 마음을 조복시켜 주시옵고
　　　　큰 지혜를 가르치사
　⑥ 저희들이 오늘에야
　　　　미증유를 얻었나니
　　　　바라던 일 아닌 것을
　　　　지금 절로 얻은 것이
　　　　한량없는 보배 얻은

저 궁자와 같나이다.

第12

① 세존이시여! 제가 이제
도(道)의 결과(結果) 얻고서는
번뇌 다한 법(無漏法) 가운데
청정한 눈 얻었으며
② 저희들이 지나긴 밤
부처님의 청정계율 지니다가
오늘에야 바야흐로
그 과보를 얻었으며
③ 법왕의 법 그 속에서
청정범행 오래 닦다
이제 바로 번뇌다한 위가없는
큰 과보를 얻었으며
④ 저희들이 오늘에야
참된 성문 되었으니

부처님의 깨친 음성
　　　일체 모든 중생에게 들려주리.
　⑤ 저희들이 오늘에야 정녕 참된
　　　아라한이 되었으니
　　　일체 세간 천상이나
　　　사람이나 마왕·범천
　　　그들에게 두루 널리
　　　응당 공양 받을 수가 있나이다.

　　　　頌13
　① 저희들을 애민하사 희유한 일
　　　보이셔서 교화하여
　　　이익 되게 하셨나니
　　　크고도 큰 세존 은혜!
　　　한량없는 억겁에도
　　　누가 능히 갚으리까?
　② 손발 되어 모시어도

정수리를 조아려서 예경해도
온갖 것을 공양해도
능히 갚지 못할거며
③ 머리위에 받들거나
두 어깨에 메어 모셔
갠지스강 모래수의 겁 동안을
마음 다해 공경하고
④ 혹은 좋은 음식이나
한량없는 보배 옷과
가지가지 탕약들과
온갖 침구 바치옵고
⑤ 우두전단 좋은 향과
여러 가지 보배들로
탑을 세워 보시하고
보배 옷을 땅에 펴는
⑥ 이와같은 갖가지로

갠지스강 모래수의 겁 동안을
공양한다 할지라도
능히 갚지 못하오리!

頌14

① 제불께선 희유하사
한량없고 끝이없는
불가사의 위대하신 신통력과
샘도 없고(無漏) 함도 없는(無爲)
모든법의 왕이시되
② 하열한 자 위하셔서
능히 이 일 참으시고
상(相)취하는 범부에게
수준따라 설하시네.

頌15

① 부처님들 법에 있어
으뜸가는 자재함을 얻으시고

일체 모든 중생들의
　　　가지가지 욕망들과
　㉢ 의지력을 아시고서
　　　감당할 수 있을 만큼
　　　한량없는 비유로써
　　　미묘한 법 설하시며
　㉣ 일체 모든 중생들의
　　　지난 세상 선근따라
　　　익은 자와 덜 익은 자
　　　다 아시어
　㉤ 갖가지로 헤아리고
　　　분별하여 아시고서
　　　일승의 도(道) 수준 따라
　　　삼승(三乘)으로 설하셨네."

묘법연화경 신해품 제4 마침

묘법연화경(妙法蓮華經)
약초유품(藥草喩品) 제5

1.

그때에 세존께서 마하가섭과 여러 뛰어난 제자들에게 고하시길 :

"훌륭하고도 훌륭하구나. 가섭이여! 여래의 진실한 공덕을 잘도 설하였도다. 정녕 그대의 말과 같으니라.

여래는 또한 한량없고 끝이 없는 아승기의 공덕이 있으니, 만약에 그대들이 무량 억겁을 설할지라도 능히 다할 수 없으리니.

가섭이여! 분명히 알지어다. 여래는 이 모든 법의 왕으로서 설한 바가 결코 허망하지 않나니, 일체법을 지혜와 방편으로 연설하여 그 설한 바 법이 모두가 다 일체종지의 경지

(一切智地)에 이르게 하느니라.

　여래는 일체 모든 법이 돌아갈 곳을 관찰하여 알며, 일체중생들의 마음속 깊이 행하는 바도 알고서 통달하여 걸림이 없으며, 또한 모든 법의 궁극(窮極)을 다 환히 알아 모든 중생에게 일체지혜를 보이느니라.

　2.

　가섭이여! 비유컨대 저 드넓은 온 우주(三千大千世界)의 산천·계곡과 땅 위에 나는, 초목과 숲과 온갖 약초의 종류들이 이름과 모습이 제각기 다르거늘,

　먹구름이 짙게 드리워져 삼천대천세계를 두루 덮다가, 일시에 골고루 비가 내려 널리 흠족하게 적시면, 초목과 숲과 온갖 약초의 작은 뿌리·작은 줄기에 작은 가지·작은 잎새

와, 중간 뿌리·중간 줄기에 중간 가지·중간 잎새와, 큰 뿌리·큰 줄기에 큰 가지·큰 잎새와 온갖 크고 작은 나무들이 상·중·하에 따라 저마다 받아들이는 것과 같으니라.

 구름에서 내리는 비는 하나지만, 나무는 그 품종의 성질에 따라, 나서 자라고 꽃이 피며 열매가 열리나니, 비록 하나의 땅에서 자라고 똑같은 비에 젖지만, 모든 초목은 제각기 차별이 있느니라.

3.

 가섭이여! 분명히 알지어다. 여래도 또한 다시 이와 같아 세상에 출현함은 큰 구름이 일어나는 것과 같고, 우렁찬 음성이 온 우주 천상의 신들과 인간·아수라에게 두루 퍼짐은, 저 큰 구름이 삼천대천국토를 두루 덮는 것과 같으니라.

그렇기에 대중 가운데서 선언하기를 '나는 여래·응공·정변지·명행족·선서·세간해·무상사·조어장부·천인사·불세존이니,

제도 받지 못한 자 제도하고, 모르는 자 알게 하고, 불안한 자 편안하게 하고, 열반을 얻지 못한 자 열반을 얻도록 하느니라.

금생이든 내생이든 있는 그대로를 바로 아나니(如實知), 나는 일체를 아는 자고, 일체를 보는 자며, 도(道)를 아는 자고, 도(道)를 열어주는 자며, 도(道)를 설하는 자라.

그대 천상의 신들과 인간·아수라 대중들이여! 모두가 법을 듣기 위해 마땅히 여기에 올지라.'고 하였나니.

바로 그때 많고 많은 천만 억 부류의 중생들이 부처님 처소에 와서 법을 들었느니라.

4.

 여래가 즈음하여 중생들의 자질이 예리한지 둔한지 부지런한지 게으른지를 살펴보고, 그가 감당할 수 있도록 가지가지 한량없는 법문을 설하여서 모두를 기쁘게 하여 흔쾌히 좋은 이익을 얻도록 하였나니.

 저 모든 중생들이 이 법문을 듣고서 현세는 안온하고, 내생에는 좋은 곳에 태어나 도(道)로써 즐거움을 누리고, 또한 다시 법문을 들으리라.

 이미 법을 듣고 나서 온갖 장애를 여의고, 모든 법 가운데 능히 감당할 수 있을 만큼 점점 도에 들어가리니, 저 큰 구름이 곳곳에 비 내려서 초목과 숲과 온갖 약초를 그 품종의 성질에 따라 흠뻑 적셔주어, 제각기 자라도록 함과 같으니라.

5.

 여래의 설법은 모습도 하나 맛도 하나니(一相一味), 이른바 해탈의 모습(解脫相)과 여의는 모습(離相)과 멸하는 모습(滅相)이니, 필경에는 일체종지(一切種智)에 이르게 하느니라.

 그 어떤 중생이 여래의 법을 듣고 마음에 새겨 지니면서, 독송하고 설한대로 수행할지라도 그 얻는 공덕은 스스로는 알지 못하리니, 어인 까닭인고?

 오직 여래만이 저 중생들의 종류와 모습과 본체와 성품(種相體性)에 어떤 일을 기억하고 어떤 일을 사유하고 어떤 일을 닦는지, 무엇을 기억하고 무엇을 사유하고 무엇을 닦는지, 어떤 법으로 기억하고 어떤 법으로 사유하고 어떤 법으로 닦고 어떤 법으로 어떤 법을 얻는지 알기 때문이다.

또한 중생들이 머무르는 가지가지 경지도 그들은 모르지만, 오직 여래만이 있는 그대로 보고(如實見) 밝게 알아 걸림이 없나니, 저 초목과 숲과 온갖 약초들이 스스로는 상·중·하의 성질을 알지 못하는 것과 같으니라.

6.

여래는 모습도 하나 맛도 하나인 이 법(法)을 아나니, 이른바 해탈의 모습과 여의는 모습과 멸하는 모습으로, 필경에는 항상 열반의 고요한 모습(寂滅相)이어서 마침내는 공(空)으로 돌아가나니.

여래는 이미 이것을 알고 중생심(衆生心)의 욕망을 살펴보고 지켜 보호할새, 이러한 까닭에 곧바로 일체종지(一切種智)를 설하지 않았거늘,

그대들과 가섭은 여래가 상대를 따라 설법함을 능히 알고 능히 믿고 능히 받아들이다니, 매우 희유하도다.

어인 까닭인고? 제불세존께서 상대를 따라 설하시는 법은 이해하기도 어렵고 알기도 어렵기 때문이니라."

7.

이어서 세존께서 거듭하여 이 뜻을 펴시고자 게송으로 이르시길:

頌1.

"모든 존재(有) 타파하는 진리의 왕
　이 세상에 출현하여
　중생들의 욕망 따라
　갖가지로 설법하되
　여래 가장 존귀하고

지혜 역시 심원하여
긴요한 법 오래도록 침묵하고
설법 힘써 서두르지 않았으니
③ 지혜론 자 듣는다면
바로 믿고 알겠지만
지혜롭지 못한 자는
의심하여 길이길이 잃으리니
④ 그렇기에 가섭이여!
수준 따라 설법하여
가지가지 인연으로
바른 견해 얻게 하네.

頌 2

① 가섭이여! 분명하게 알지어니
비유컨대 큰 구름이
하늘 가득 일어나서
온 누리를 두루 덮듯

지혜구름 촉촉함을
머금었고 번갯불이 번쩍이며
우레 소리 멀리까지 울려 퍼져
모든 생명 벌써부터 기뻐하고
태양빛이 가려져서 땅위로는
맑은 바람 살랑살랑
뭉게구름 드리워져
가히 손에 잡힐 듯이
그 비 널리 고루고루
사방천지 함께 내려
한량없이 흘러 흘러
대지 흠뻑 적시도다.

산천이나 험한 계곡 그윽하고
깊은 곳에 나고 자란
초목들과 약초들과

크고 작은 나무들과
② 온갖곡식 모종들과
감자(甘蔗)·포도(葡萄)
비에 젖어 무럭무럭
풍성하게 자라나고
마른 땅은 두루 젖어
약초·나무 무성하네.

頌4
① 구름에서 내린 저 비
한 맛 나는 물이지만
풀과 나무·수풀들은
분수따라 촉촉함을 달리 받아
② 일체(一切) 모든
상·중·하의 나무들이
크고 작음 맞추어서
저마다가 자라나고

뿌리·줄기·가지·잎새
꽃과 열매 그 빛깔이
하나의 맛 비에 젖어
모두 곱고 윤택함을 얻거니와
그 본체와 모양이나 성질만은
크고 작음 나뉘어도
젖셔짐은 하나로되
무성함은 달리함과 같으니라.

여래 또한 이와 같아
이 세상에 출현함이
비유컨대 큰 구름이
온 누리를 두루 덮듯
이미 세상 출현하여
일체중생 위하여서
모든 법의 참모습을 (諸法之實)

분별하여 설하도다.

頌 6

① 대성인인 석가세존!
모든 하늘·인간들의
많은 대중 가운데서
선언하여 말하기를
②'나는 정녕 여래로서
지혜·복덕 갖췄나니
이 세상에 출현함은
큰 구름이 모두 흠뻑 적셔주듯
③ 고목같은 중생들이
괴로움을 다 여의고
안온한 낙(樂)·세상의 낙(樂)
열반의 낙(涅槃樂) 얻게 하니
④ 모든 하늘·인간(人間)들은
일심으로 새겨듣고 전부가 다

여기 와서 무상존(無上尊)을
친견함이 마땅하다.' 하였어라.

頌 7

나는 정녕 세존이라 그 누구도
견줄 자가 없으리니
일체중생 안온토록
이 세상에 출현해서
대중위해 감로같은
청정한 법 설하노니
그 가르침 한 맛으로
해탈이며 열반이라
한결같은 묘한 음성
이런 뜻을 널리 펼쳐
항상 대승 위하여서
인(因)과 연(緣)을 짓느니라.

頌 8

① 나는 일체 그 모두를 두루두루
평등하게 바라보아
너다 나다 좋다 싫다
그런 마음 전혀 없고
② 탐욕이나 집착심도 없거니와
또한 어떤 제한에도 걸림 없어
항상 모두 위하여서
평등하게 설법하되
한 사람을 위하듯이
많은 대중 또한 역시 그랬으며
③ 항상(恒常) 법을 연설(演說)할 뿐
일찍이도 다른 일은 없었으니
오고 가고 앉고 서매 추호라도
지치거나 싫어하지 않았으며
④ 일체 세간 충족시켜
비가 두루 적시듯이

귀하거나 천하거나
높다거나 낮다거나
청정계율 지키거나 범하거나
몸가짐을 갖췄거나 못했거나
바르거나 삿되거나
예리하든 아둔하든
고루고루 진리의 비 내려주되
나태한 적 없었다네.

頌 9

일체 모든 중생들이
나의 법을 듣는 자는
능력 따라 받아들여
여러 지위 머무르되
혹은 인간·혹은 천상
전륜성왕·제석천과
범천왕이 되거니와

이는 작은 약초라네.

頌10

① 무루법을 알고서는
능히 열반 증득하고
육신통을 일으키며
세 가지의 밝음 얻고
② 홀로 산속 기거하며
항상 선정 닦으면서
연각의 법 증득하면
이는 중간 약초라네.

頌11

세존 자리 구하여서
'나도 부처 되겠다.'며
정진·선정 닦는다면
이야말로 최상품의 약초라네.

頌12

또한 모든 불자들이 오롯한 맘(專心)
불도 닦아 항상 자비
실천하고 스스로가
부처될 걸 조금치도
의심하지 않는다면
이는 작은 나무라네.

제13

신통력에 안주하며
불퇴전의 법륜 굴려
한량없는 억 백천의
중생들을 제도하는
이와 같은 보살들은
큰 나무라 부른다네.

제14

부처님의 평등 설법
마치 한 맛 비와 같고

중생들의 성품 따라
　　　각기 달리 받아들임
　　　마치 풀과 나무들의
　　　타고남이 다르듯이
② 여래 이런 비유로써
　　　방편의 문 열어 보여
　　　가지가지 언사들로
　　　하나의 법 연설하나
　　　불지혜(佛智慧)에 비고하면
　　　큰 바닷속 한 방울의 물과 같네.

　　　　頌 16
① 내가 법의 비를(法雨) 내려
　　　세상 가득 채우나니
　　　하나의 맛 일승법을
　　　능력 따라 닦음이여!
② 저 수풀과 약초들과

나무들이 크고 작음
분수 따라 무럭무럭
곱고 곱게 자라듯이
부처님들 가르침은 항상 한 맛!
온 세상의 중생들이 두루 갖춰
차츰차츰 수행하여 모두가 다
도(道)의 결과(結果) 얻게 하네.

頌 16

성문(聲聞)이나 연각(緣覺)들이
산림(山林) 속에 기거하며
최후신(最後身)에 머물면서
법을 듣고 도의 결과(結果)
얻는다면 이야말로 약초들이
나름대로 무럭무럭 자람같네.
또한 다시 선정 속에 안주하여
신통력(神通力)을 얻게 되며

모든 법의 공함 듣고
　　크게 기쁜 마음 내면
　　이야말로 작은나무
　　무럭무럭 자람 같네.
③ 만약 모든 보살들이
　　지혜로움 견고하고
　　삼계 안을 밝게 알아
　　최상승을 구하면서
④ 많고 많은 빛을 놓아
　　일체중생 제도함은
　　이야말로 큰 나무가
　　무럭무럭 자람 같네.
⑤ 이와 같이 가섭이여!
　　부처님들 설하신 법
　　비유컨대 큰 구름이
　　하나의 맛 비가 되어

사람 꽃을 적셔주어
저마다가 열매 맺듯 그러하네.

제17

가섭이여! 분명하게 알지어니
이런 모든 인연들과
가지가지 비유로써
불도 열어 보이나니
이는 나의 방편이며
제불 역시 그러하네.

제18

이제 너희 위하여서
'모든 성문 대중들은
전부 멸도 아니다.'고
가장 참된 사실만을 설하노니
그대들이 행할 바는
보살의 길 차츰차츰

배워 익혀 닦는다면
누구라도 틀림없이 성불하리.

8.
또한 가섭이여! 여래는 모든 중생들을 평등하게 교화하나니,

비유컨대 해와 달의 광명이 세간을 비출 적에 혹은 착하거나 혹은 악하거나, 혹은 높거나 혹은 낮거나, 혹은 향기롭거나 혹은 악취가 나거나, 모든 곳을 평등하게 비추되 치우침이 없는 것과 같으니라.

가섭이여! 여래도 또한 다시 이와 같이 부처님의 지혜 광명으로 윤회하는 온갖 갈래의 중생은 물론, 모든 보살과 연각과 성문들을 마땅히 전부 다 평등하게 두루 비춰 정법을 설하나니.

그러면서도 여래의 지혜는 또한 늘지도 줄지도 않으면서 중생들은 그 복과 지혜를 얻느니라.
　가섭이여! 본래부터 삼승은 없거니와, 오직 저 중생들의 수준에 따라 분별하여 삼승을 설했을 뿐이로다."

9.
　그때에 마하가섭이 부처님께 사뢰기를:
"세존이시여! 삼승(三乘)이 없을진대, 어찌하여 성문·벽지불과 보살의 구별이 있나이까?"
　부처님께서 마하가섭에게 이르시길:
"비유컨대 도공(陶工)이 진흙을 고루 섞어 만든 수많은 그릇이 있거니와 그중에는 설탕을 담는 그릇, 혹은 연유(煉乳)를 담는 그릇, 때로는 우유 제품을 담는 그릇, 때로는 오물을 담는 그릇이 있어 이름이 제각기 다른 것과 같으니라.

 도공이 빚은 진흙은 하나지만, 만들어진 그릇은 담는 물건에 따라 제각기 이름에 차별이 있는 것과 같도다.

 이와 같이 가섭이여! 여래의 가르침은 평등하여 차별이 없거니와, 다만 중생들의 수준에 따라 이승이나 삼승의 구별이 있게 되느니라."

10.

그때에 마하가섭이 부처님께 사뢰기를:
"세존이시여! 저 모든 중생들의 믿음과 이해가 가지가지거늘, 만약에 삼계(三界)를 벗어난다면 저들에게는 하나의 열반이옵니까? 제이·제삼의 열반이옵니까?"

　부처님께서 마하가섭에게 고하시길：

"만약에 모든 법의 본체(本體)가 평등함을 깨달으면 그게 바로 참된 열반(涅槃)이니, 오직 하나의 열반일 뿐 제이·제삼의 열반은 없느니라.

　가섭이여！ 이제 다시 마땅히 비유를 들어 이 뜻을 환히 밝히고자 하니, 지혜로운 자들은 비유로써 충분히 이해할 수 있으리라.

　11.

　가섭이여！ 비유컨대 날 적부터 눈이 먼 자가 이르기를 '좋거나 좋지 않은 색은 있지를 아니하여 정녕 볼 수가 없으며, 해와 달과 별들 역시 있지를 아니하니 정녕 볼 수가 없다.'고 하거늘.

또 다른 사람이 있어 저 날 적부터 눈이 먼 자에게 이르기를 '좋거나 좋지 않은 색은 있을 뿐만 아니라 정녕 볼 수도 있으며, 해와 달과 별들 역시 있을 뿐만 아니라 정녕 볼 수도 있다.'고 하였나니,

날 적부터 눈이 먼 자가 비록 이 말을 들었으나 믿지도 받아들이지도 않았느니라.

12.

즈음하여 능히 온갖 병을 잘 아는 훌륭한 의사가 있었으니 날 적부터 눈이 먼 자를 보고 생각하기를,

'저 사람은 전생의 악업(惡業)으로 금생에 병이 생겼거늘 그 병의 종류는 바로 네 가지가 있으니, 첫째는 풍(風)이고 둘째는 황(黃)이며 셋째는 들피(癊)고 넷째는 이 셋이 모두 섞인

병이로다.'

 또다시 저 훌륭한 의사가 그의 병을 고치고자 생각하기를 '세상에 흔히 있는 약으로는 저 병을 치료할 수가 없으며, 오직 설산(雪山)에만 네 가지의 약초가 있으니 무엇이 넷이던고?

 첫째는 '모든 색과 맛을 지님'이라는 약초요 둘째는 '모든 병을 해탈시킴'이라는 약초며 셋째는 '모든 독을 파괴시킴'이라는 약초요 넷째는 '머무는 곳에 따라 안락을 줌'이라는 약초로다.'

 저 훌륭한 의사가 맹인을 애민하사 이와 같은 방편을 생각하고는 설산으로 나아가 정상에 이르렀으니, 혹은 아래로 혹은 옆으로 두루 찾아다니다가 네 가지의 약초를 얻었음이라.

 그 약초를 가져와서 혹은 치아로 씹어서 주고,

혹은 돌로 갈기도 하고, 때로는 다른 약과 섞어 찌고 익혀서 주고, 때로는 다시 생약과 섞어 주기도 하고, 혹은 몸에다 침을 놓아 기운을 북돋아 주고, 혹은 불로 구워서 주고, 때로는 다른 약과 서로 섞어서 음식 속에 넣어주기도 하였느니라.

 마침내 저 맹인이 이러한 처방이 효과가 있어 곧바로 눈을 뜨게 되어, 안팎과 가깝고 멀은 물론 해와 달의 광명과 별들의 여러 색상을 다 보고서 이르기를,

 '오호라! 내가 참으로 어리석었도다. 앞서 들려준 말을 본래부터 믿지도 받아들이지도 않았거늘, 이제는 내가 전부 다 볼 수 있게 되었구나. 내가 이미 맹인에서 벗어났으니, 나보다 더 뛰어난 자는 없으리라.' 하였나니.

13.

 때마침 천안통·천이통과 남의 마음을 아는 타심통·전생을 기억하는 숙명통에다 신족통을 지닌 5통선인(五通仙人)들이 있어 그 사람에게 이르기를,

'여보시게! 그대는 오직 눈을 떴을 뿐이지 다른 것은 하나도 모르거늘, 어인 까닭으로 그리도 교만심을 내느뇨? 그대는 지혜도 뛰어난 방편도 없느니라.'

 또한 다시 이르기를 '그대가 방에 들어가 앉아 있으면, 밖에 있는 다른 모습은 볼 수도 없고 알 수도 없으리라.

 또한 중생들의 착한 마음과 악한 마음을 알지도 못하고, 5천유순(由旬) 떨어진 곳의 말하는 소리와 북과 범패 등의 소리를 역시나 듣지도 못하고 알지도 못하며,

1구로사(拘盧舍)만 떨어져도 두 발이 아니고는 능히 도달할 수가 없으며, 이미 자라서는 모태 속의 일을 역시나 기억조차 할 수 없거늘,

어찌하여 그대는 교묘한 지혜가 있다면서 모든 것을 볼 수 있다 하느뇨? 또한 여보시게! 그대는 어둠을 밝다 하고, 밝음을 어둡다고 하는구나.'

14.

바로 그때 그 사람이 선인(仙人)들에게 이르기를 '어떤 방편을 써야 하며, 어떤 청정한 업을 지어야 능히 그런 지혜를 얻을 수 있나이까?

선인(仙人)들에 대한 청정한 믿음으로, 저 역시도 이와 같은 공덕을 얻고 싶사옵니다.'

즈음하여 저 선인들이 그 사람에게 이르기를 '만약에 그럴진대, 그대는 마땅히 한적한 산이나 동굴에 앉아서 법을 사유하고 번뇌를 끊어야만, 신통을 얻어 공덕을 빠짐없이 갖추게 되리라.'고 하였나니.

 이 사람이 그 뜻을 받아들여 곧바로 출가해서 한적한곳에 머물며, 마음을 오롯하게 모아 세상의 애욕을 여의고 선정을 닦아 다섯 가지 신통을 얻었나니.

 오신통을 이미 얻고서 생각하기를 '내가 전생에 바르지 못한 업을 지었기에, 이러한 인연으로 아무런 공덕이 없었다는 걸 정녕 알 수가 있도다.

 내가 이제는 그 무엇에도 걸림이 없게 되었으니, 예전의 나는 지혜롭지 못한 맹인이었다.'고 하였느니라.

15.

가섭이여! 이와 같은 비유를 설하는 것은 그 속에 깃든 의미를 알게 하고자 함이니, 다시금 마땅히 살필지어다.

가섭이여! 저 날 적부터 눈이 먼 자는 바로 여섯 갈래를 떠도는 중생들이라.

만약에 정법(正法)을 알지도 깨닫지도 못하면, 번뇌의 어둠만 늘어나서 길고도 긴 무명(無明) 속에 떨어짐이로다.

무명으로 인하여 행업(行業)의 덩어리가 모여 쌓이고, 행업(行業)으로 인연하여 명색(名色)부터 유(有)에 이르기까지 심한 괴로움의 덩어리가 모여 생기느니라.

이와 같은 무명의 어둠으로 중생들이 생사윤회 속에 헤매거늘, 오직 여래만이 삼계에서 벗어나 중생들을 가엾이 여기나니.

마치 자애로운 아버지가 외아들을 사랑하듯이, 자비심을 일으키고 삼계에 출현하여 저 중생들이 생사윤회 속에 헤매면서 벗어나지 못함을 보거니와,

　여래는 깨달음의 눈으로 저 중생들이 전생에 선을 쌓았는지, 혹은 성냄은 적지만 욕심은 많은지, 혹은 욕심은 적지만 성냄이 많은지, 혹은 지혜는 적은지, 혹은 교묘한 지혜가 있는지, 혹은 성숙하여 청정한지, 혹은 삿된 견해가 있는지를 살펴보고 환히 아느니라.

　그리하여 여래는 저 중생들을 위하여 절묘한 방편으로 삼승을 설하여서 그 모두가 보리심을 일으켜 무생법인(無生法忍)을 얻고 '아뇩다라삼먁삼보리'를 얻게 하나니,

　마치 저 다섯 가지 신통의 맑은 눈을 지닌 선인(仙人)들이 처음으로 눈 뜬 자에게 신통을

얻게 함과 같으니라.

　가섭이여! 여래가 다섯 가지 신통의 비유를 들었지만, 다섯 가지 신통력을 얻으면 불도를 성취한다는 뜻이 아님을 분명히 알지어다.

　여래가 비유한 오신통은 제불여래의 지혜를 뜻하나니, 어인 까닭인고? 제불여래의 지혜는 그 어떤 비유로도 설명할 수 없기 때문이니라.

　또한 저 훌륭한 의사는 바로 여래며, 날 적부터 눈이 먼 자는 어리석은 어둠 속의 중생이라고 분명히 알지어다.

　또다시 풍과 황과 들피와 이 셋이 모두 섞인 병은 바로 탐욕과 성냄과 어리석음과 예순두 가지의 삿된 견해라는 것도 분명히 알지어다.

　또한 네 가지의 약은 공(空)과 무상(無相)과 무원(無願)과 열반의 문(門)이라고 분명히 이와 같이 알지니, 약을 복용하여 그 병이 치료되는 것은 공과 무상과 무원이라는 세 가지 해탈문(三解脫門)이니라.

올바르게 사유 관찰하면 무명이 소멸되고, 무명이 소멸되면 행(行)이 소멸되고, 나아가 유(有)라는 심한 괴로움의 덩어리가 소멸되나니, 이와 같이 사유하여 선(善)에도 머물지 않고 악(惡)에도 머물지 않게 된 것은 약을 복용하여 눈을 뜬 것과 같나니.

가섭이여! 저 맹인이 눈을 뜬 것은 바로 성문(聲聞)과 연각(緣覺)이라고 분명히 알지어다.

또한 저 맹인이 처음 눈을 뜨고 교만심을 낸 것처럼, 그들은 스스로가 생사윤회와 번뇌의 결박을 끊고 번뇌로부터 해탈하였으며, 이미 육도(六道)와 삼계에서 벗어났다 여기면서 생각하기를,

'다시 얻어야 할 법은 없고, 나는 이제 이미 열반에 도달했다.'고 하느니라.

즈음하여 여래가 그들을 위하여 설법하기를 '일체 모든 법을 알지 못한 자에게 어찌 궁극적인 열반이 있겠느뇨?' 하면서, 그들에게 여래가 '최상의 완전한 깨달음'으로 교화시키면, 그들은 보리심을 일으키고 비록 생사윤회에는 머물지 않지만, 아직은 열반에 도달한 것도 아니니라.

이제 그들이 삼계의 시방 곳곳이 텅 비어서 전부가 꿈 같고 아지랑이 같고 메아리 같다고 통찰(觀)하여, 일체법이 나지도 않고 멸하지도 않으며(不生不滅), 속박도 없고 해탈도 없으며(不縛不解), 어둠도 없고 밝음도 없다는 걸(不闇不明) 환히 알게 되나니.

이와 같이 깊고도 깊은 법을 보는 자는 봄이

없이 보되, 삼계(三界)에 가득 찬 서로 다른 모든 중생들 마음의 믿음과 이해 정도를 보게 되느니라."

16.
이어서 세존께서 거듭하여 이 뜻을 펴시고자 게송으로 고하시길:

"비유컨대 햇빛 달빛
삼천세계 비출 적에
늘고 줆이 전혀 없이
착하거나 악하거나
평등하게 비추듯이
부처님의 지혜 광명
일체중생 교화하되
햇빛 달빛 그러하듯

부처 지혜 늘고 줆이 전혀 없이
평등하게 비추도다.

頌 2

① 옹기장이 진흙 빚어
도자기를 만들어서
혹은 설탕 혹은 우유
때론 오물 담거니와
② 만든 그릇 그 재료는
오직 하나 진흙이되
안에 담긴 물건 따라
그릇이름 달리하듯
③ 여래 역시 중생들의
수준따라 이승·삼승
차별되게 설하지만
오직 일승 뿐이라네.

頌 3

① 일체중생 지혜 없이 윤회하며
　열반의 법 모르고서 헤매다가
　공(空)을 알아 모든 집착(執著)
　여읜다면 보살이라 이름하고
② 중간 지혜(智慧) 머무는 자
　그는 바로 연각(緣覺)이며
　다만 공에 의지(依支)하는
　얕은 지혜 지닌 자는 성문이라
③ 모든 법(諸法)을 깨달은 분
　정변지(正遍知)라 부르나니
　가지가지 방편으로 일체중생
　위하여서 항상 법을 설하시네.

頌 4

① 비유컨대 날 적부터 눈이 먼 자
　해와 달과 수많은 별
　못 보기에 온갖 색깔

없다면서 우기거늘
② 한 훌륭한 의사있어
　　　눈이 먼 자 애민하사
　　　설산으로 들어가서
　　　위아래로 옆으로도 다니면서
③ 좋은 약초(藥草) 구하다가
　　　'모든 색과 맛을 지님' 등이라는
　　　네 가지의 약초(藥草) 캐서
　　　고루 섞어 치료하길
④ 어떤 약은 이로 씹고
　　　혹은 돌로 갈아주고
　　　혹은 침을 놓아기를 북돋아서
　　　날 적부터 눈이 먼 자 고쳤으니
⑤ 저 맹인이 바로 즉시 해도 보고
　　　달도 보고 생각하길
　　　'예전에는 어리석게

말하였네.' 하였도다.

頌 5

이는 바로 윤회하는 중생으로
날 적부터 지혜 없는 맹인처럼
태어남을 인연하여 굴러가는 바퀴인 양
지혜 없이 숱한 괴롬 받거니와
일체지(一切智)를 지닌 여래
지혜 없이 어리석은 중생 위해
훌륭하고 자비로운 의사로서
이 세상에 출현하여 애민하사
좋은 방편 베풀어서 수승한 자
그에게는 적멸법을 연설하고
위가 없는 불지혜로
일승의 도 설하지만
중간 지혜 연각에겐
그에 맞게 설하였고

생사윤회 두려워서 여의려는
성문에겐 열반의 길 설하였네.

頌 6

삼계 속박 벗어났다 여긴 성문
'나는 이미 청정열반 얻었다.'고
생각할새 '일체지를 얻어야만
감로 같은 열반이라.' 설한다네.

頌 7

① 마치 오통 선인들이 눈을 뜬자
애민하사 '스스로가
지혜롭다 여기다니
그대 정녕 어리석다.
② 만약 그대 창고 안에
들어가서 머물 적에
지혜 적은 그대라면
밖은 전혀 볼 수 없고

만약 밖에 머문다면
물론 볼 수 있겠지만
창고 안에 있을 때는
지혜 적은 그대 어찌 보겠느뇨?
오천유순(五千由旬) 떨어진 곳
그곳에서 나는 소리
전혀 듣지 못하리니
그보다 더 먼 곳이랴!
뉘 있어서 그대 향해
품은 생각 좋고 나쁨
능히 알지 못하면서
어찌하여 교만한 맘 일으키나?
구로사만 떨어져도
걷지 않곤 갈 수 없고
모래 속의 일은 전혀
기억조차 못하거늘

⑦ 지혜라곤 조금치도 없으면서
어리석게 지혜롭다 자처하니
오신통(五神通)을 얻어야만
모든 것에 통달(通達)할 터
⑧ 오신통을 얻고프면
한적한 곳 머물면서
청정한 법 사유하면
바로 신통(神通) 얻으리니
⑨ 이 말대로 한적한 곳 찾아가서
고요하게 사유하면 머지않아
오신통을 얻게 되어 온갖 공덕
빠짐없이 갖추리라.' 하였다네.

頌 8

① 모든 성문 처음 눈뜬 맹인처럼
이미 열반 얻었다고 자처할새
제불께서 '그건 작은 휴식일 뿐

참된 열반 아니다.'고 설하나니
제불(諸佛)들의 이런 방편(方便)!
무상도를 설하시기 위함이라
일체지(一切智)를 떠나서는
참된 열반(涅槃) 없거니와
가섭이여! 분명하게 알지어다.
오신통(五神通)의 그 비유는
제불여래(諸佛如來) 지혜로서
말과 글로 설명할 수 없느니라.

과거·현재·미래 시간(時間)
이에 대한 깊은 통찰 그 지혜와
맑고 맑은 육바라밀 보살행과
공과 무상(無相)·무원(無願)이란
세 가지의 해탈문을 뛰어넘어
보리심(菩提心)을 일으키고

열반(涅槃) 향한 다른 법(法)인
청정한 행 사섭법(四攝法)을
일체 중생(衆生) 교화(敎化)코자
제불여래 찬탄하며 설하시네.

頌10

① 모든 법(諸法)이 자성(自性) 없어
허깨비나 꿈과 같고 알맹이가
전혀 없는 파초(芭蕉) 같고
메아리와 같다는 걸 아는 사람!

② 삼계(三界) 안의 모든 존재
그 자성(自性)이 전혀 없듯
속박·해탈(解脫) 본래 없어
열반마저 분별하지 않는 사람!

③ 모든 법은 평등하고 공하기에
차별 모습 있을 수가 없는지라
봄도 없고 보지 않음 또한 없어

그 어떠한 법도 보지 않는 사람!
이야말로 큰 지혜를 얻은 자며
참모습을 여실하게 아는 자라
가섭이여! 분명하게 알지어다
이 세상에 삼승이란 있지 않고
오직 일승(一乘) 뿐이다네.

頌 Ⅱ

시방 허공(十方虛空) 하나이듯
일체법(一切法)이 평등(平等)함을
지혜로써 능히 알면 감로 같은
열반 안에 편안하게 머무리라."

묘법연화경 약초유품 제5 마침

묘법연화경(妙法蓮華經)
수기품(授記品) 제6

1.

그때에 세존(世尊)께서 게송을 설하여 마치시고, 모든 대중에게 고하여 이와 같이 선언하시기를:
"나의 제자인 마하가섭은 오는 세상에 300만억의 제불세존(諸佛世尊)을 마땅히 받들어서 친근하고, 공양·공경하며 존중·찬탄하고 모든 부처님의 한량없는 위대한 가르침을 널리 펴다가, 마지막의 몸(最後身)으로 성불하리니.
명호는 광명(光明) 여래·응공·정변지·명행족·선서·세간해·무상사·조어장부·천인사·불세존이라.
세계 이름은 광덕(光德)이고 겁의 이름은

대장엄(大莊嚴)이며, 부처님의 수명은 12소겁이고 정법이 세상에 머무는 기간은 20소겁이며, 상법 또한 20소겁 동안 머무르리니.

그 나라는 엄정하게 꾸며졌고 온갖 더럽고 나쁘거나 기와 조각·자갈과 가시덤불·대소변 등 부정한 것이 없으며,

그 국토는 평평하고 반듯하여 높낮이와 구덩이와 언덕이 없고 땅은 유리보배로 되었으며, 보배나무가 즐비하게 늘어섰고, 황금 줄로 길옆에 경계를 그었으며, 온갖 보배 꽃을 흩뿌려서 주변이 청정하리로다.

그 세계의 보살들은 한량없는 천억이고 모든 성문대중들도 역시나 많고 많으며 마군의 장애란 있지를 아니하니, 비록 마왕(魔王)과 그의 백성이 있을지라도 전부가 불법을 옹호하는 자들이니라."

2.

이어서 세존께서 거듭하여 이 뜻을 펴시고자 게송으로 이르시길:

頌1

① "고(告)하노니 비구(比丘)들아!
　내가 지닌 깨달음의 그 눈으로(佛眼)
　마하가섭(摩訶迦葉) 보아하니
　오는 세상 무수(無數)한 겁
　지난 뒤에 틀림없이 성불하리.
② 오는세상 삼백만억 제불세존
　공양하며 받들어서 친견하고
　부처 지혜 구하려고
　청정범행 닦으면서
③ 으뜸가는 양족존께
　공양하여 마치고서
　위가없는 지혜 닦아 익히고는

　　　　마지막의 그 몸으로 성불하리.

　　　頌 2
　그 국토는 청정하여 유리 보배
　땅이 되고 길가에는
　많고 많은 보배나무
　즐비하게 늘어섰고
　황금 줄로 경계 그어
　보는 사람 기뻐하며
　항상 좋은 향기 나고
　여러 가지 이름난 꽃 흩뿌리며
　가지가지 기묘한 것
　곳곳마다 장엄하고
　평평하고 반듯한 땅
　언덕이나 구덩이가 없으리라.

　　　頌 3
　정녕 셀 수 없이 많은

보살대중 그 마음이
　　　조화롭고 부드러워
　　　크고도 큰 신통얻고
　　　제불들의 대승경전
　　　받드옵고 지니리라.
　② 여러 성문 대중들의
　　　번뇌없는 마지막 몸
　　　법왕자(法王子)도
　　　또한가히 셀수없어
　　　천안으로 볼지라도
　　　능히 그 수 모르리라.

　　　頌 4
　① 그 부처님 누릴 수명
　　　십이 소겁(十二小劫)!
　　　정법 세상 머물기는
　　　이십 소겁 동안이고

상법(像法) 또한
　　이십 소겁 머무르니
　　광명세존(光明世尊)
　　다가올 일 이렇도다."

3.

　그때에 대목건련과 수보리와 마하가전연 등이 모두 다 황송하여 일심으로 합장하고 부처님의 존안을 우러러보며, 잠시도 눈을 떼지 아니하고 곧바로 다 함께 소리 내어 게송으로 사뢰기를:

"위대하고 용맹하신 세존께선
　　석가족(釋迦族)의 법왕이라
　　저희들을 애민(哀愍)하사
　　부처님의 음성 들려 주옵소서!

② 저희들의 깊은 마음 알아주셔
기별(記別)하여 주신다면
감로수(甘露水)를 뿌려주듯
열이 식어 청량함을 얻으오리!

頌 2

① 흉년이 든 나라에서 찾아들어
홀연히도 수라상을 만났으나
마음되레 의심 품고
감히 먹지 못하다가
② 왕이 하고 내려주면
그때서야 감히 먹듯
저희들도 이와같아
매양 소승 허물만을 생각하고
③ 부처님의 무상지혜(無上智慧)
어찌해야 얻는지를 모르다가
부처님의 음성으로 저희들도

성불한단 말씀 비록 들었으나
마음 되레 의심(疑心) 품고
감(敢)히 먹지 못하였듯
여래께서 만약 기별 주신다면
그때서야 쾌히 안락 하오리다.
위대하고 용맹하신 세존께선
항상 세상 편안하게 하시거늘
배고픈 자 하고 내려 먹게 했듯
원하건대 저희 기별 주옵소서!"

4.

그때에 세존께서 모든 훌륭한 제자들의 마음에 생각하는 바를 아시고는 모든 비구에게 고하시길:

"여기 있는 수보리가 오는 세상에 300만 억 나유타의 부처님을 마땅히 받들어서 친근하고,

공양·공경하며 존중·찬탄하고 항상 청정 범행 닦으면서 보살도를 갖추다가, 마지막의 몸으로 성불하리니.

명호는 명상(名相) 여래·응공·정변지·명행족·선서·세간해·무상사·조어장부·천인사·불세존이라.

겁의 이름은 유보(有寶)며 세계 이름은 보생(寶生)이리니, 그 국토는 평평하고 반듯하여 땅은 수정으로 되었으며, 보배나무로 장엄하고, 언덕과 구덩이·모래자갈·가시덤불과 대소변 등의 더러움이 없으며, 보배 꽃으로 땅을 덮어 주변이 청정하리로다.

그 세계의 사람들은 모두가 보배 누대와 진귀하고 묘한 누각에 살고, 성문 제자들이 한량없고 끝없어서 산수나 비유로는 도저히 알 수가 없으며, 모든 보살대중들도 많고 많은 천만 억의 나유타니라.

　부처님의 수명은 12소겁이고 정법이 세상에 머무는 기간은 20소겁이며, 상법 또한 20소겁 동안 머무르니, 그 부처님께서 항상 허공에 계시면서 중생들을 위하여 설법하사 한량없는 보살들과 성문대중들을 제도하여 해탈시키리라."

5.
　이어서 세존께서 거듭하여 이 뜻을 펴시고자 게송으로 이르시길 :

　　"모든 비구(比丘) 대중(大衆)이여!
　　　내가 이제 너희에게 고하노니
　　　전부가 다 일심으로
　　　나의 말을 들을지라.

② 큰제자(大弟子)인
　수보리(須菩提)가
　틀림없이 부처되어
　그 명호는 명상이니
③ 무수만억(無數萬億)
　제불들께 공양하고
　부처님의 행을 따라
　점점 대도(大道) 갖추다가
④ 윤회(輪廻)로는 마지막 몸
　삼십이상(三十二相) 구족하여
　단정하고 빼어나기
　보배산과 같으리라.

　　　　頌 2

① 그 부처님 계신 국토
　엄정하기 으뜸이며
　이를 보는 중생마다

사랑하고 즐기거늘
여래 그곳 머물면서
무량중생 제도하며
그 부처님 법 가운데
많고많은 보살들이
모두가 다 감각기관 예리하여
불퇴전의 진리수레 굴리나니
저 세계는 언제든지
보살들로 장엄하고
여러 성문 대중들도
셀 수 없이 많거니와
전부가 다 삼명(三明) 얻고
육신통(六神通)을 갖출 거며
팔해탈(八解脫)에 머물러서
대위덕(大威德)이 있으리라.

① 그 부처님 설법하며
　나타내신 한량없는
　불가사의(不可思議)
　신통변화(神通變化)!
② 갠지스강 모래수의
　모든 하늘·인간들이
　전부가 다 합장하고
　세존 말씀 받자옵고 들으리라.

　　　　頌4
　그 부처님 누릴 수명
　십이 소겁(十二小劫)!
　정법세상 머물기는
　이십 소겁 동안이고
　상법 또한 이십 소겁 머무르리."

그때에 세존께서 또다시 모든 비구대중에게 고하시길 :

"내가 지금 너희에게 이르노니, 여기 있는 마하가전연도 오는 세상에 여러 공양구로, 8천 억의 부처님께 마땅히 공양하고 받들어 섬기면서 공경·존중하리라.

제불께서 멸도하신 뒤에 각각의 탑을 세우되 높이가 1천유순이며, 가로세로가 똑같이 5백유순이거늘, 금·은·유리·자거·마노와 진주·매괴인 칠보로 전부 합성하고, 온갖 꽃과 영락과 도향·말향·소향과 비단일산(繒蓋)·깃대와 깃발(幢幡)로 탑에 공양하리라.

그런 연후에 마땅히 2만 억의 부처님께 공양하길 또한 다시 이와 같이 할 것이며, 제불들께 공양을 마치고는 보살도(菩薩道)를 갖추다가 틀림없이 성불하리니.

명호가 염부나제금광(閻浮那提金光) 여래·응공·정변지·명행족·선서·세간해·무상사·조어장부·천인사·불세존이라.

 그 국토는 평평하고 반듯하여 땅은 수정으로 되었으며, 보배나무로 장엄하였고, 황금줄로 길옆에 경계를 그었으며, 미묘한 꽃으로 땅을 덮어 주변이 청정하리니, 보는 사람마다 기뻐하고 지옥·아귀·축생·아수라의 네 갈래 나쁜 세계가 없으리라.

 많은 천상의 신들과 인간·성문대중들과 그리고 한량없는 1만 억의 보살들이 그 세계를 장엄하니, 부처님의 수명은 12소겁이고 정법이 세상에 머무는 기간은 20소겁이며, 상법 또한 20소겁 동안 머무르리."

7.

이어서 세존께서 거듭하여 이 뜻을 펴시고
자 게송으로 이르시길:

頌1
"모든 비구 대중이여!
전부가 다 일심으로
들을지니 나의 말은
진실하여 어긋남이 없느니라.

頌2
여기 있는 가전연이 가지가지
묘하고도 좋고 좋은
공양구로 응당 많은
부처님께 공양하고
부처님들 멸도한 뒤
칠보탑을 세우고서
또한 꽃과 향을 올려
불사리에 공양하며

③ 윤회로는 마지막 몸
　 부처님의 지혜얻어
　 깨달음(等正覺)을 이루리니
　 그 국토는 청정하고
④ 한량없는 만억 중생
　 제도하여 해탈시켜
　 시방세계(十方世界)
　 그 모두가 공양하리.

　　　頌 3
　그 부처님 광명보다
　뛰어날 자 없으리니
　명호또한 걸맞게도
　남섬부주 금빛이라(閻浮金光).

　　　頌 4
　모든 존재 속박끊은
　한량없이 많고 많은

보살들과 성문들이
　　　그 세계를 장엄하리."

6.

그때에 세존께서 또한 다시 대중에게 고하시길 :

"내가 지금 너희에게 이르노니, 여기 있는 마하목건련도 가지가지 공양구로, 8천의 제불들께 마땅히 공양하고 공경·존중하리라.

제불께서 멸도하신 뒤에 각각의 탑을 세우되 높이가 1천유순이며, 가로세로가 똑같이 5백유순이거늘, 금·은·유리·자거·마노와 진주·매괴인 칠보로 전부 합성하고, 온갖 꽃과 영락과 도향·말향·소향과 비단일산·깃대와 깃발을 사용하여 공양하리니.

그런 연후에 마땅히 2백만 억의 모든 부처님

께 공양하기를 또한 다시 이와 같이 하고서 틀림없이 성불하리니, 명호가 다마라발전단향(多摩羅跋栴檀香) 여래・응공・정변지・명행족・선서・세간해・무상사・조어장부・천인사・불세존이라.

겁의 이름은 희만(喜滿)이고 세계 이름은 의락(意樂)이며, 그 국토는 평평하고 반듯하여 땅은 수정으로 되었으며, 보배나무로 장엄하고 진주와 꽃을 흩뿌려서, 주변이 청정하리니 보는 사람마다 기뻐하리로다.

많은 천상의 신들과 인간 그리고 보살과 성문이 그 수가 한량이 없으리니, 부처님의 수명은 24소겁이고 정법이 세상에 머무는 기간은 40소겁이며, 상법 또한 40소겁 동안 머무르리."

9.

이어서 세존께서 거듭하여 이 뜻을 펴시고자 게송으로 이르시길 :

頌1

"나의 제자 대목건련
이번 몸을 버린 뒤에
팔천이백 만억분의
제불세존 친견하고
불도만을 위하여서
공양하고 공경하며
부처님들 처소에서
청정범행 항상 닦아
무량세월 부처님 법
받들어서 지니오며

頌2

부처님들 멸도한 뒤

칠보탑을 조성하고
황금 표찰 길게 세워
꽃과 향과 풍악으로
② 부처님들 사리탑에
공양(供養)하며
보살도(菩薩道)를
점점(漸漸) 갖춰
③ 의락이란 세계에서
성불(成佛)하여
그의 명호(名號)
다마라발 전단향불!

頌3

① 그 부처님 누릴 수명
스물넷의 소겁이며
하늘·인간 항상위해
불도만을 연설하고

② 갠지스강 모래수의
한량없는 성문들이
육신통과 삼명으로
대위덕(大威德)이 있을 거며
③ 보살들도 무수한데 굳센 의지
확신에 찬 정진으로
그 누구도 불지혜에
물러서지 않으리라.

제4
그 부처님 멸도한 뒤
정법 세상 머물기는
사십 소겁(四十小劫)!
상법 또한 그러하리.

제5
나의 모든 제자중에
위엄·덕망 구족한자

그 숫자가 오백인데
'미래세에 틀림없이 성불한다.'
모두에게 수기(授記)하리.

頌 6

나와 너희 지난 세상
그 인연(因緣)을 내가 이제
분명(分明)하게 설(說)하리니
그대들은 잘 새겨서 들을지라."

묘법연화경 수기품 제6 마침

묘법연화경(妙法蓮華經)
화성유품(化城喩品) 제7

1.

부처님께서 모든 비구들에게 고하시길:
"멀고도 먼 과거 한량없고 끝이 없는 불가사의 아승기겁 전에 부처님이 계셨으니, 명호가 대통지승(大通智勝) 여래·응공·정변지·명행족·선서·세간해·무상사·조어장부·천인사·불세존이시며, 그 세계 이름은 호성(好成)이고 겁의 이름은 대상(大相)이었느니라.

모든 비구들이여! 저 부처님 멸도하신 지가 아득히도 아주 오래되었으니, 비유컨대 가령 어떤 사람이 삼천대천세계의 땅덩이(地種)를 갈아서 먹을 삼아,

동쪽으로 1천 국토를 지나 크기가 가는 티끌

만한 한 점을 찍고, 또한 1천 국토를 지나 다시 한 점을 찍어서 이와 같이 되풀이하여 땅덩이의 먹이 다한다면, 그대들의 생각은 어떠한고?

이 모든 국토를 셈 잘하는 스승이나, 혹은 그의 제자가 능히 그 끝나는 숫자를 알 수 있겠느뇨?"

"아니옵니다. 세존이시여!"

"모든 비구들이여! 이 사람이 지나간 국토에 점을 찍었거나 아니거나, 전부를 가루 내어 티끌을 삼아서 한 티끌을 1겁으로 치더라도, 저 부처님께서 멸도하신 지는 또한 다시 이 숫자보다 한량없고 끝이 없는 백천만억 아승기겁이 더 지났거늘, 나는 여래지견의 힘으로 저 아득히도 먼 오래전을 마치 오늘처럼 생생히 볼 수 있느니라."

2.

이어서 세존께서 거듭하여 이 뜻을 펴시고자 게송으로 이르시길 :

게1

"내가 지금 생각하니 한량없고
끝없는 겁 과거세에 복과 지혜
구족하신 부처님이 계셨으니
그 명호가 대통지승여래시라.

게2

어떤 사람 힘을 써서
삼천대천 국토 갈아
땅덩이가 다하도록
그 모두를 먹을 삼아
그 천 국토 지나가서
티끌만한 한 점 찍고
이와 같이 되풀이해

이런 모든 티끌먹이 다한 뒤에
③ 점을 찍은 국토거나 아니거나
　　지나갔던 모든 국토 다시 가루
　　만들어서 한 티끌을
　　1겁으로 치더라도
④ 저 부처님 멸도한지
　　이런 모든 가는 티끌
　　그 겁보다 무량겁을
　　더 지나간 겁이니라.

　　　　頌 3
① 걸림 없는 여래 지혜
　　멸도하신 부처님과
　　성문들과 보살들을
　　마치 오늘 멸도 보듯 알거니와
② 비구들은 분명하게 알지어니
　　부처 지혜 맑고 맑아 미묘하며

번뇌 없고 걸림 없어 한량없는
　　　겁(劫)을 통달(通達) 하였도다."

3.

부처님께서 모든 비구에게 고하시길 :
"대통지승불의 수명은 540만 억 나유타 겁이거늘, 그 부처님께서 본래의 도량에 앉으셔서 마군을 쳐부수고, '최상의 완전한 깨달음'을 거의 얻게 되었으나, 제불들의 깨치신 진리가 앞에 드러나지 않았나니.
이와 같이 1소겁에서 10소겁에 이르도록 가부좌를 맺으셔 몸도 마음도 움직이지 않았으나, 오히려 제불들의 깨치신 진리가 앞에 드러나지 않았느니라.
즈음하여 도리천(忉利天)의 모든 하늘이 먼저 저 부처님을 위하여, 보리수 아래 높이가 1

유순이나 되는 사자좌를 펴고서 사뢰기를,

'부처님께서 마땅히 이 사자좌에서 최상의 완전한 깨달음을 얻으소서!'라 하였나니, 때맞춰 그 자리에 앉으셨느니라.

그때에 여러 범천왕이 1백유순 사방에 온갖 하늘 꽃을 비 내리듯 흩뿌리니, 때마침 향기로운 바람이 불어와서 시든 꽃은 보내고 다시 새로운 꽃을 비 내려, 이와 같이 10소겁이 다 차도록 끊임없이 부처님께 공양하고, 멸도하실 때까지 항상 꽃을 뿌렸도다.

사천왕(四天王)의 여러 하늘도 부처님께 공양하기 위하여 항상 하늘 북(天鼓)을 두드리고, 그 나머지 여러 하늘도 10소겁이 다 차도록 하늘의 풍악을 울렸으며, 멸도하실 때까지 또한 다시 이와 같이 하였느니라.

모든 비구들이여! 대통지승불께서 10소겁

이 지나, 비로소 제불들의 깨치신 진리가 앞에 드러나 '최상의 완전한 깨달음'을 이루셨느니라.

4.

그 부처님께서 아직 출가하시기 전에 16왕자들이 있었으니, 그 첫째 왕자의 이름은 지적(智積)이라.

모든 왕자(王子)가 저마다 가지가지 진귀하고 기이한 장난감이 있었는데, 아버지가 '최상의 완전한 깨달음'을 얻으셨다는 소식을 듣고, 진귀(珍貴)한 것들을 다 버리고 부처님 처소에 나아가거늘, 어머니들은 눈물을 흘리면서 전송하였느니라.

왕자들은 조부인 전륜성왕과 1백의 대신들과 나머지 백천만억의 백성들 모두에게 에워싸여, 도량에 이르러서 다 함께 대통지승여래를 친근하고 공양·공경하며 존중·찬탄코자, 도착하자마자 머리를 조아려 부처님의 발에 예경하고 오른쪽으로 돌기를 마치고서,

5.

일심으로 합장하고 세존을 우러러보며 게송으로 사뢰기를:

頌1

'대위덕(大威德)의 세존께서
중생(衆生)들을 제도코자
한량없는 억겁(億劫) 지나
불도(佛道) 성취 하셨으니
모든 원이 이미 벌써 구족하여
위없이도 거룩하고 길하도다.

頌2

세존(世尊) 정녕 희유하사
한번 앉아 10소겁(十小劫)이
지나도록 몸과 손발 고요하게
안정되어 움직이지 않으시고
그 마음은 항상 평온 깨끗하여
산란한 적 없었으니 필경에는
길이길이 적멸(寂滅)하여
무루법에 편안하게 머무셨네.

세존(世尊)께서 안온하게
성불하심 이제 바로 뵈옵고서
저희들도 좋은 이익 얻었나니
경사로워 기쁘고도 기쁩니다.
중생 항상 고뇌(苦惱)하되
어둠 속에 이끌어줄 스승 없어
고통(苦痛) 끊는 길 모르고

해탈(解脫) 구할 줄도 몰라
③ 기나긴 밤 삼악도는 늘어나고
　　모든 하늘 대중들은 줄어들어
　　이어지는 어둠 속에 부처님의
　　이름조차 길이 듣지 못하다가
④ 여래께서 안온하고 가장 높은
　　번뇌 다한 도를(無漏道) 이제
　　얻으시니 저희들과 하늘·인간
　　크고도 큰 이로움을 얻사옵고
　　모두 머리 조아려서 무상존께
　　목숨 바쳐 귀의처로 삼나이다.'

6.
　그때에 16왕자가 게송으로 부처님을 찬탄한 뒤에 세존께서 진리의 수레바퀴를 굴려 주십사, 권청(勸請)하여 다 함께 사뢰기를 :

'세존께서 법을 설하시면 다분히도 안온함을 얻으리니, 모든 천상의 신들과 인간들을 애민(哀愍)하사 요익(饒益)되게 하옵소서!'

이어서 거듭하여 게송으로 사뢰기를 :

頌 1

'백 가지 복(福) 장엄(莊嚴)하고
무상지혜(無上智慧) 증득하신
짝이 없는 이 세상의 영웅이셔!
바라건대 세간위해 설하소서!
저희들과 온갖 부류 중생들을
제도하여 해탈토록
분별하고 드러내사
지혜 얻게 하옵소서!
저희들도 성불하면
중생에게 또한 그리 하오리다.

頌 2

① 세존(世尊)께선 중생(衆生)들의
　맘속깊이 하는 생각 잘 아시고
　행할 도와 지혜의 힘
　또한 역시 잘 아시며
② 온갖 욕망·닦은 복과
　지난 세상 행한 업을
　세존께서 전부를 다 아시오니
　무상법륜 응당 굴려 주옵소서!'
하였느니라."

7.

이어서 부처님께서 모든 비구들에게 고하시길:

"대통지승불께서 '최상의 완전한 깨달음'을 얻으실 적에, 열 방향의 500만 억 제불 세계가 여섯 가지로 진동하였으며, 그 국토 가운데

햇빛도 달빛도 능히 비추지 않는 어두운 곳이 있었는데, 그곳마저도 모두 다 환히 밝아지거늘,

 어둠 속의 중생들이 저마다 서로 보면서 다 함께 이르기를 '이곳에 어찌하여 홀연히 뭇 생명들이 생겼는고?' 하였으며,

 또한 그 세계의 모든 하늘궁전과 범천의 궁전까지 여섯 가지로 진동하고, 크나큰 광명이 널리 비추어 온 세계에 두루 가득 차니, 모든 하늘의 광명보다 뛰어났느니라.

8.
 그때에 동쪽으로 500만 억 모든 국토 가운데의 범천궁전에 광명이 환히 비춰 평소보다 두 배나 밝았으니, 범천왕들이 저마다 생각하기를,

'궁전의 이런 광명은 예전에는 없었거늘, 어떠한 인연으로 이런 조짐이 나타나는고?' 하면서, 곧바로 서로를 찾아가서 함께 이 일을 의논하더라.

즈음하여 이 대중 가운데 한 대범천왕이 있었으니, 이름이 구일체(救一切)라. 모든 범천의 대중을 위하여서 게송으로 이르기를:

頌 1

'우리들의 궁전에는 예로부터
　이런 광명(光明) 없었거늘
　이 어떠한 인연(因緣)인지
　의당(宜當) 함께 찾아보세.

頌 2

　대위덕의 하늘신이 태어났나?
　여래께서 세상출현 하신건가?
　크고도 큰 이런 광명(光明)

시방세계 두루두루 비추누나!'

9.
　그때에 500만 억 국토의 모든 범천왕이 궁전과 함께 저마다 꽃 상자에 온갖 하늘 꽃을 가득 담고, 서쪽으로 함께 나아가서 이런 조짐을 찾다가, 대통지승여래께서 도량의 보리수 아래 사자좌(師子座)에 앉아 계시거늘,
　모든 하늘과 용왕과 건달바·긴나라·마후라가 등 사람인 듯 아닌 듯한 대중들이 공경하고 에워싼 걸 보았으며,
　16왕자가 부처님께 진리의 수레바퀴를 굴려 주십사, 청하는 것도 보았느니라.
　즉시에 모든 범천왕이 머리를 조아리며 부처님께 예경하고 오른쪽으로 백천 번을 돌면서, 곧바로 하늘 꽃을 부처님 위에 흩뿌리니,

그 꽃이 수미산(須彌山)처럼 쌓였느니라.

아울러 부처님의 보리수(菩提樹)에도 공양하니 그 보리수의 높이가 10유순이며, 꽃 공양을 마치고 저마다의 궁전을 저 부처님께 받들어 올리면서 사뢰기를,

'원하옵건대 가엾이 살피시고 궁전을 바치오니, 저희들이 요익되게 부디 받아 주옵소서!'

10.

이어서 모든 범천왕이 곧바로 부처님 앞에서 일심으로 다 함께 소리 내어 게송으로 사뢰기를:

頌1

'세존(世尊)께선 드물고도
경이로워 만나 뵙기 어렵나니

무량 공덕(無量功德) 갖추시어
　　능(能)히 일체(一切) 구하시고
　　하늘·인간 거룩하신 스승되어
　　이 세상을 가련하게 여기시니
　　시방세계(十方世界) 중생들이
　　모두가 다 요익함을 입나이다.

　　　게2.

　　저희들이 5백만억 국토에서
　　깊고깊은 선정의 낙(禪定樂)
　　버리고서 찾아옴은 부처님께
　　공양(供養)하기 위함이며
　　저희들이 지난 세상 복덕으로
　　궁전 매우 엄정하게 꾸미고서
　　세존님께 지금 바로 바치오니
　　원하건대 부디 받아 주옵소서!'

11.

　그때에 모든 법천왕이 부처님을 게송으로 찬탄한 뒤에 제각기 사뢰기를 '원하옵건대 세존이시여! 진리의 수레바퀴(法輪)를 굴리시어, 중생들을 제도하사 해탈토록 열반의 길 부디 열어주옵소서!'

　즈음하여 모든 법천왕이 일심으로 다 함께 소리 내어 게송으로 사뢰기를 :

頌

　'양족존인 이 세상의 영웅이셔!
　　바라건대 부디 법을 연설하사
　　대자비(大慈悲)의 그 힘으로
　　고뇌 중생 제도하여 주옵소서!'

　그때에 대통지승여래께서 묵연히 허락하셨느니라.

12.

 또한, 모든 비구들이여! 동남쪽으로 500만 억 국토의 모든 대범천왕이 각자의 궁전에서 예전에 없던 광명이 환히 비추는 걸 보고, 뛸 듯이 기뻐하며 희유한 마음을 내고서는 곧바로 서로를 찾아가서 함께 이 일을 의논하더라.

 즈음하여 이 대중(大衆) 가운데 한 대범천왕이 있었으니, 이름이 대비(大悲)라. 모든 범천의 대중을 위하여서 게송으로 이르기를:

頌 1

'이 어떠한 인연(因緣)으로
 이런 조짐(兆朕) 보이는고?
 모든 우리 궁전(宮殿)에는
 예로부터 이런 광명 없었나니

頌 2

대위덕의 하늘신이 태어났나?
여래께서 세상 출현 하신건가?
일찍이도 이런 조짐 못 봤거늘
응당 함께 일심으로 찾아보세.

頌 3

천만억의 국토 설령 지나서도
빛을 찾아 우리 함께 나가보세
이 다분히 여래께서 출현하사
고뇌 중생 제도하여 해탈토록 하심이리.'

13.

그때에 500만 억의 모든 범천왕이 궁전과 함께 저마다 꽃 상자에 온갖 하늘 꽃을 가득 담고, 서북쪽으로 함께 나아가서 이런 조짐을 찾다가, 대통지승여래께서 도량의 보리수 아래 사자좌에 앉아 계시거늘,

모든 하늘과 용왕과 건달바·긴나라·마후라가 등 사람인 듯 아닌 듯한 대중들이 공경하고 에워싼 걸 보았으며,

 16왕자가 부처님께 진리의 수레바퀴를 굴려 주십사, 청하는 것도 보았느니라.

 때에 모든 범천왕이 머리를 조아리며 부처님께 예경하고 오른쪽으로 백천 번을 돌면서, 곧바로 하늘 꽃을 부처님 위에 흩뿌리니, 그 꽃이 수미산처럼 쌓였느니라.

 아울러 부처님의 보리수에도 공양하였으며, 꽃 공양을 마치고 저마다의 궁전을 저 부처님께 받들어 올리면서 사뢰기를,

 '원하옵건대 가엾이 살피시고 궁전을 바치오니, 저희들이 요익되게 부디 받아 주옵소서!'

14.

이어서 모든 범천왕이 곧바로 부처님 앞에서 일심으로 다 함께 소리 내어 게송으로 사뢰기를:

頌1

① '가릉빈가(迦陵頻伽) 음성으로
　중생들을 가련하게 여기시는
　성인이자 하늘 중의 왕이시여!
　저희들이 지금 예경 올리오니
　세존께선 드물고도 경이로워
　구원겁이 지나 한번 오시도다.
② 여래께서 안계시는 백팔십겁
　허망(虛妄)하게 보냈거늘
　삼악도(三惡道)는 가득 차고
　모든 하늘 대중들은 줄었나니

頌2

세존께서 이제 세상 출현하사
　　중생들의 눈이 되어 주시리니
　　일체 세간 귀의처(歸依處)라
　　그 모두를 구호(救護)하셔
　　중생(衆生)들의 아버지로
　　애민하사 요익되게 하시리니
　　저희들이 지난 세상 복덕으로
　　지금 세존(世尊) 뵙나이다.'

15.
　그때에 모든 범천왕이 부처님을 게송으로 찬탄한 뒤에 제각기 사뢰기를 '원하옵건대 세존이시여! 그 모두를 가엾이 여기시고 법륜(法輪)을 굴리시어, 중생들을 제도하사 부디 해탈시켜 주옵소서!'
　즈음하여 모든 범천왕이 일심으로 다 함께

소리 내어 게송으로 사뢰기를 :

頌1

'거룩하신 성인 법륜 굴리셔서
모든 법의 참모습을 드러내어
보이시고 고뇌 중생 제도하사
크고도 큰 기쁨 얻게 하옵소서!

頌2

중생들이 이 가르침 듣자오면
도 얻거나 천상세계 태어나고
모든 악도(惡道) 줄어들고
인욕·선행 닦는 자는 늘어나리.'

그때에 대통지승여래께서 묵연히 허락하셨느니라.

16.

또한, 모든 비구들이여! 남쪽으로 500만 억

국토의 모든 대범천왕이 각자의 궁전에서 예전에 없던 광명이 환히 비추는 걸 보고, 뛸 듯이 기뻐하며 희유한 마음을 내고서는 곧바로 서로를 찾아가서 함께 이 일을 의논하며, '이 어떠한 인연으로 우리들의 궁전에 이런 광명이 비추는고?' 하였나니.

즈음하여 이 대중 가운데 한 대범천왕이 있었으니, 이름이 묘법(妙法)이라. 모든 범천의 대중을 위하여서 게송으로 이르기를:

頌1
'우리들의 궁전(宮殿)마다
광명(光明) 매우 밝고 밝게
빛나거늘 이는 까닭 있으리니
의당 이런 조짐 함께 찾아보세.

頌2
백천겁(百千劫)이 지나도록

일찍이도 이런 조짐 못 봤거늘
대위덕의 하늘 신이 태어났나?
여래께서 세상 출현 하신건가?'

17.

그때에 500만 억의 모든 범천왕이 궁전과 함께 저마다 꽃 상자에 온갖 하늘 꽃을 가득 담고, 북쪽으로 함께 나아가서 이런 조짐을 찾다가, 대통지승여래께서 도량의 보리수 아래 사자좌에 앉아 계시거늘,

모든 하늘과 용왕과 건달바·긴나라·마후라가 등 사람인 듯 아닌 듯한 대중들이 공경(恭敬)하고 에워싼 걸 보았으며,

16왕자가 부처님께 진리의 수레바퀴를 굴려 주십사, 청하는 것도 보았느니라.

때에 모든 범천왕이 머리를 조아리며 부처

님께 예경하고 오른쪽으로 백천 번을 돌면서, 곧바로 하늘 꽃을 부처님 위에 흩뿌리니, 그 꽃이 수미산처럼 쌓였느니라.

아울러 부처님의 보리수에도 공양하였으며, 꽃 공양을 마치고 저마다의 궁전을 저 부처님께 받들어 올리면서 사뢰기를,

'원하옵건대 가엾이 살피시고 궁전을 바치오니, 저희들이 요익되게 부디 받아 주옵소서!'

18.

이어서 모든 범천왕이 곧바로 부처님 앞에서 일심으로 다 함께 소리 내어 게송으로 사뢰기를:

頌1

'모든 번뇌(煩惱) 쳐부수는

세존 만나 뵙기 매우 어렵거늘
백팔십 겁(百八十劫) 지나서야
이제 한번 뵈옵나니 굶주리고
목이 마른 모든 중생(衆生)
진리의 비 흠뻑 내려 주옵소서!

頌2

예전에는 일찍이도 뵙지 못한
한량없이 지혜(智慧)론 분
우담발라(優曇鉢華) 꽃 피듯이
오늘에야 겨우 만나 뵙나이다.

頌3

광명 받아 엄정하게 잘 꾸며진
저희들의 모든 궁전(宮殿)
원하건대 세존(世尊)께서
대자비로 부디 받아 주옵소서!'

19.

 그때에 모든 범천왕이 부처님을 게송으로 찬탄한 뒤에 제각기 사뢰기를 '원하옵건대 세존이시여! 법륜을 굴리시어, 일체 세간 모든 하늘의 마왕·범천과 사문·바라문들이 전부 안온함을 얻고, 제도되어 부디 해탈토록 하옵소서!'

 즈음하여 모든 범천왕이 일심으로 다 함께 소리 내어 게송으로 사뢰기를 :

① '하늘·인간 존경받는 분이시여!
 원하건대 무상법륜 굴리시어
 법의 큰북(大法鼓) 치옵시고
 법의 소라(大法螺) 부시오며
② 법의 큰비(大法雨) 두루 널리 내려주셔
 무량 중생 제도하여 주옵소서!

저희 모두 귀의하고 청하오니
　　　심원하신 음성 부디 펴옵소서!'
　그때에 대통지승여래께서 묵연히 허락하셨
나니.

20.

서남쪽과 아래쪽에 이르도록 다른 곳도 또한 다시 이와 같았느니라.

21.

　그때에 위쪽으로 500만 억 국토의 모든 대범천왕이 머무는 자기들의 궁전에서 예전에 없던 위덕을 갖춘 광명이 비추는 걸 보고, 뛸 듯이 기뻐하며 희유한 마음을 내고서는 곧바로 서로를 찾아가서 함께 이 일을 의논하며, '이 어떠한 인연(因緣)으로 우리들의 궁전에 이런 광명이 있는고?' 하였나니.

　즈음하여 이 대중 가운데 한 대범천왕이 있었으니, 이름이 시기(尸棄)더라. 모든 범천의 대중을 위하여서 게송으로 이르기를:

게1

　'이 어떠한 인연(因緣)으로
　우리들의 궁전마다 위덕갖춘
　광명 밝게 비추어서 엄정하게
　꾸미나니 전에 없던 일이로세.

게2

　이와 같은 묘(妙)한 조짐(兆朕)
　예전에는 듣도 보도 못했거늘
　대위덕의 하늘신이 태어났나?
　여래께서 세상출현 하신건가?'

그때에 500만 억의 모든 범천왕이 궁전과 함께 저마다 꽃 상자에 온갖 하늘 꽃을 가득 담고, 아래쪽으로 함께 나아가서 이런 조짐을 찾다가, 대통지승여래께서 도량의 보리수 아래 사자좌에 앉아 계시거늘,

모든 하늘과 용왕과 건달바·긴나라·마후라가 등 사람인 듯 아닌 듯한 대중들이 공경하고 에워싼 걸 보았으며,

16왕자가 부처님께 진리의 수레바퀴를 굴려 주십사, 청하는 것도 보았느니라.

때에 모든 범천왕이 머리를 조아리며 부처님께 예경하고 오른쪽으로 백천 번을 돌면서, 곧바로 하늘 꽃을 부처님 위에 흩뿌리니, 그 꽃이 수미산처럼 쌓였느니라.

아울러 부처님의 보리수에도 공양하였으며, 꽃 공양을 마치고 저마다의 궁전을 저 부처님

께 받들어 올리면서 사뢰기를,

'원하옵건대 가엾이 살피시고 궁전을 바치오니, 저희들이 요익되게 부디 받아 주옵소서!'

23.

이어서 모든 범천왕이 곧바로 부처님 앞에서 일심으로 다 함께 소리 내어 게송으로 사뢰기를:

    頌1

1.'이 세상을 구하시는 거룩하신
   제불성존(諸佛聖尊) 뵈옵나니
   삼계(三界)라는 감옥(監獄)에서
   모든 중생 힘써 구출 하시옵고
   하늘·인간 존귀하신 지혜론분
   중생들을(群萌類) 애민하사

감로문(甘露門)을 활짝 열어
일체중생 널리 제도 하옵시네.

頌 2

① 여래(如來)께서 안 계시는
무량한 겁 허망하게 보냈거늘
세존께서 출현하지 않은 세월
시방세계 끊임없이 어두워서

② 삼악도(三惡道)는 늘어나고
아수라(阿修羅)도 치성하여
여러 하늘 대중 점점 줄어들고
죽어 악도 떨어진 자 많더이다.

頌 3

① 부처님께 법을 듣지 못했으니
늘 착하지 못한 일만 행하다가
몸의 힘과 지혜(智慧)마저
모두가 다 감소(減少)하고

죄업 지은 인연으로 즐거움과
즐겁다는 생각마저 잃었으니
삿된 법에 머물러서
착한 도리 몰랐으며
부처님의 교화 입지
못하고서 항상 악도 떨어졌네.

頌 4

여래께서 이 세상의 눈이 되셔
아득히 먼 세월 지나 출현하여
모든 중생(衆生) 애민하사
짐짓 세간(世間) 오셔서는
초출하여 바른 깨침 이루시니
저희 매우 기뻐 경하 드리오며
다른 모든 중생들도 전에 없던
일이라고 기뻐 찬탄 하옵니다.

頌 5

광명 받아 엄정하게 잘 꾸며진
　　　저희들의 모든 궁전(宮殿)
　　　지금 바로 바치오니 세존께선
　　　바라건대 부디 받아 주옵소서!

頌 6

　　　원하건대 이런 공덕(願以此功德)
　　　모두에게 두루 끼쳐(普及於一切)
　　　저와 일체 중생들이(我等與衆生)
　　　모두 성불 할지어다.(皆共成佛道)'

24.

　그때에 500만 억의 모든 범천왕이 부처님을 게송으로 찬탄한 뒤에 제각기 부처님께 사뢰기를 '원하옵건대 세존이시여! 진리의 수레 바퀴를 굴리시어, 많이 안온케 하시옵고 많이 제도하사 부디 해탈시켜 주옵소서!'

즈음하여 모든 범천왕이 게송으로 사뢰기를:

頌1

'세존께선 진리수레 굴리시며
감로 같은 진리의 북 치옵시고
고뇌 중생(苦惱衆生) 제도하사
열반의 길 열어젖혀 보이소서!

頌2

원하건대 저희 청을 받아주셔
크고도 큰 미묘하신 음성으로
한량없는 겁 동안에 익히신 법
애민하사 자세하게 펴옵소서!'

25.

그때에 대통지승여래께서 열 방향의 모든 범천왕과 16왕자의 청을 받아주셔, 곧바로 사제법(四諦法)을 세 번에 걸쳐 12행의 법륜을 굴리시니(三轉十二行法輪), 혹은 사문·바라문과 혹은 하늘과 마왕·범천과 나머지 세간의 그 누구도 능히 굴리지 못할 바를 사뢰시되,

'이것이 괴로움(苦)이며, 이것이 괴로움의 원인(苦集)이며, 이것이 괴로움의 소멸(苦滅)이며, 이것이 괴로움을 소멸시키는 길(苦滅道)이다.' 설(說)하시고, 또한 널리 십이인연법(十二因緣法)도 설하셨나니.

'무명(無明)으로 인하여 행(行)이 생기고, 행으로 인하여 의식(識)이 생기며, 의식으로 인하여 명색(名色)이 생기고, 명색으로 인하여 육입(六入)이 생기며, 육입으로 인하여 접촉(觸)이 생기고, 접촉으로 인하여 느낌(受)이 생기며, 느낌으로 인하여 애욕(愛)이 생기고, 애욕으로 인하여 집착(取)이 생기며, 집착으로 인하여 유(有)가 생기고, 유로 인하여 생(生)이

생기며, 생으로 인하여 노사(老死)와 우비고뇌(憂悲苦惱)가 생기느니라.

그렇기에 무명이 멸하면 행이 멸하고, 행이 멸하면 의식이 멸하며, 의식이 멸하면 명색이 멸하고, 명색이 멸하면 육입이 멸하며, 육입이 멸하면 접촉이 멸하고, 접촉이 멸하면 느낌이 멸하며, 느낌이 멸하면 애욕이 멸하고, 애욕이 멸하면 집착이 멸하며, 집착이 멸하면 유가 멸하고, 유가 멸하면 생이 멸하며, 생이 멸하면 곧바로 노사와 우비고뇌가 멸하느니라.'고 하셨나니.

26.

부처님께서 천상의 신(神)과 인간 대중 가운데서 이 가르침을 설하실 적에, 600만 억 나유타의 사람들이 일체법(一切法)에 집착하지 않았기에, 마음이 모든 번뇌로부터 해탈을 얻고 전부가 다 깊고 미묘한 선정과 세 가지 밝음(三明)과 육신통(六神通)을 얻었으며, 팔해탈(八解脫)을 갖추게 되었나니.

두 번째, 세 번째, 네 번째 설법하실 적에도 천만 억 갠지스강 모래수의 나유타 중생들이 역시나 일체법에 집착하지 않았기에, 마음이 모든 번뇌로부터 해탈을 얻었으니 이후로도 모든 성문대중이 한량없고 끝없어서 정녕 그 수를 헤아릴 수 없었느니라.

27.

그때에 16왕자가 전부 동자로 출가하여 사미(沙彌)가 되었거늘, 모든 근(諸根)이 막힘없이 통하여서 지혜가 밝았느니라.

일찍이 백천만억의 제불께 공양하고 청정범

행을 닦으면서 '최상의 완전한 깨달음'을 구하고자 다 함께 부처님께 사뢰기를,

'세존이시여! 한량없이 많은 천만 억의 이러한 모든 대덕성문(大德聲聞)들은 이미 다 성취하였거늘, 세존이시여! 또한 마땅히 저희들을 위하시사 최상의 완전한 깨달음에 대한 가르침을 설하소서!

저희들이 듣고 나서 모두가 함께 배워 수행하리니, 세존이시여!

저희들도 여래의 지견(知見)을 원하오니, 마음속 깊이 품은 생각을 세존께서는 스스로 증명하여 아실 것이옵니다.'

즈음하여 전륜성왕이 거느리고 온 대중 가운데 8만 억의 사람들이 16왕자가 출가함을 보고, 그들 역시 출가를 원하자 왕이 곧바로 허락하였느니라.

28.

 그때에 저 부처님께서 사미들의 청을 받으시고, 2만 겁이 지나서야 사부대중에게 대승경전을 설하시니, 이름이 묘법연화경으로 보살을 가르치는 법이며 부처님께서 보살펴 두호하시는 경이더라.

 이 경을 설해 마치시거늘, 16사미가 '최상의 완전한 깨달음'을 위하여 모두가 함께 마음에 새겨 지니고서, 읽고 읊조리며 막힘없이 통하였나니.

 이 경을 설하실 적에 16보살사미가 모두 다 믿고 받아들였으며, 성문대중 가운데도 또한 믿고 이해한 자가 있었으나, 다른 천만 억의 중생들은 전부가 의혹을 품었느니라.

 부처님께서 일찍이 8천 겁 동안 쉬지 않고 계속 이 경을 설하셨으며, 이 경을 설하여 마치시고 곧바로 고요한 방에 들어가셔 8만4천 겁을 선정(禪定)에 머무셨도다.

이때 16보살사미가 부처님께서 방에 들어가셔 고요히 선정에 드심을 알고, 저마다 법좌(法座)에 올라 역시나 8만4천 겁 동안 사부대중을 위하여 묘법연화경을 널리 분별하여 설하였으니,

600만 억 나유타 갠지스강 모래수의 많은 중생들을 낱낱이 다 제도하여, 보여주고(示) 가르치고(敎) 이롭게 하고(利) 기쁘도록 하여(喜) '최상의 완전한 깨달음'의 마음이 일어나도록 하였느니라.

29.

대통지승불께서 8만4천 겁이 지나자, 삼매(三昧)에서 일어나셔 법좌(法座)에 나아가 차분

히(安詳) 앉으시고 대중들에게 널리 고하시길,
'저 16보살사미는 매우 드물고도 경이로워, 모든 감각기관(諸根)이 막힘없이 통하여서 지혜가 밝았으니, 일찍이 한량없는 천만 억의 제불(諸佛)께 공양하고, 제불(諸佛)의 처소에서 항상 청정범행을 닦으면서 부처님의 지혜를 받아 지녔으며,

중생에게 열어 보여 그 속에 들도록 하였나니, 그대들은 모두가 마땅히 자주 친근하여 공양할지어다.

어인 까닭인고? 만약에 성문·벽지불과 보살들이 이 16보살의 설한 바 경전의 가르침(經法)을 능히 믿고 마음에 새겨 지니고서, 훼방하지 않는 사람은 모두가 틀림없이 최상의 완전한 깨달음의 여래 지혜를 얻을 것이기 때문이다.'고 하셨느니라."

30.

부처님께서 모든 비구들에게 고하시길 :
"이 16보살이 항상 묘법연화경을 즐겨 설하였으니, 낱낱의 보살마다 교화한 600만 억 나유타 갠지스강 모래수의 많은 중생들은 세세생생을 이 보살들과 함께 태어나, 그의 가르침을 듣고 전부가 다 믿고 이해할 수 있었느니라.

이러한 인연으로 400만 억의 제불세존(諸佛世尊)을 만나 뵈었나니, 지금도 다하지 않았음이라.

31.

모든 비구들이여! 내가 지금 그대들에게 이르노니, 저 부처님의 제자인 16사미는 이제 전부가 '최상의 완전한 깨달음'을 얻고서 현재 시방세계에서 설법하되, 한량없는 백천만억의 보살과 성문들로 권속을 삼았나니.

그 가운데 두 사미는 동쪽에서 성불하셨으니, 한 분의 명호는 아촉(阿閦)이신데 환희국(歡喜國)에 계시고, 다른 한 분의 명호는 수미정(須彌頂)이시니라.

동남쪽의 두 부처님은 사자음(師子音)과 사자상(師子相)이시며,

남쪽의 두 부처님은 허공주(虛空住)와 상멸(常滅)이시며,

서남쪽의 두 부처님은 제상(帝相)과 범상(梵相)이시며,

서쪽의 두 부처님은 아미타(阿彌陁)와 도일체세간고뇌(度一切世間苦惱)시며,

서북쪽의 두 부처님은 다마라발전단향신통(多摩羅跋栴檀香神通)과 수미상(須彌相)이시며,

북쪽의 두 부처님은 운자재(雲自在)와 운자재왕(雲自在王)이시며,

동북쪽 부처님의 명호는 괴일체세간포외(壞一切世間怖畏)시며,

마지막으로 열여섯 번째는 나 석가모니불로 사바세계에서 '최상의 완전한 깨달음'을 성취했느니라.

32.

모든 비구들이여! 우리들이 사미(沙彌)일 적에, 제각기 한량없는 백천만억 갠지스강 모래수의 많은 중생들을 교화하였으니, 저들은 '최상의 완전한 깨달음'을 위하여 우리에게 가르침을 들었거늘.

이 모든 중생들이 지금도 성문(聲聞)의 지위에 머무는 자가 있어, 우리가 항상 '최상의 완

전한 깨달음'으로 교화하나니, 이 모든 사람들이 마땅히 이 가르침으로 점점 불도(佛道)에 들게 되리로다.

어인 까닭인고? 여래의 지혜는 믿기도 어렵고, 이해하기도 어렵기 때문이니라.

그 당시에 교화한 한량없는 갠지스강 모래 수의 중생들은 다름 아닌, 그대들 모든 비구와 내가 멸도한 뒤에 미래 세상의 성문 제자가 바로 이들이니라.

내가 멸도한 뒤에 다시 어떤 제자가 이 경을 듣지 못하여 보살의 행할 바를 알지도 깨닫지도 못하고선, 자기가 얻은 공덕으로 참된 멸도를 얻었다고 자처하면서 마땅히 열반에 든다 하겠지만,

내가 다시 다른 세계에서 다른 이름으로 성불하면, 이 사람이 비록 멸도를 자처하다 열

반에 들었을지라도, 그 국토에 태어나 부처님의 지혜를 구하여 이 경을 듣게 되리니.

오직 불승(佛乘)으로만 참된 멸도를 얻을 수 있고 또 다른 승(乘)이 없거늘, 모든 여래께서 방편으로 설한 가르침만은 제외니라.

33.

모든 비구들이여! 여래가 스스로 열반할 때가 다가옴을 알고서, 만약에 대중들이 또한 청정하여 믿음과 이해가 견고하며, 공(空)한 법을 밝게 통달하여 깊이 선정에 들면, 바로 모든 보살과 성문대중을 모아놓고 이 경전을 설하느니라.

세간(世間)에서 이승(二乘)으로는 멸도를 얻을 수 없고, 오직 일불승(一佛乘)만이 참된 멸도를 얻을 수 있나니, 비구들이여! 분명히 알지어다.

 여래가 방편으로 중생들의 성품 속에 깊이 들어가, 그들의 뜻이 소승의 가르침을 좋아하고, 오욕(五欲)에 깊이 빠진 줄 알기 때문에 이들을 위하여 열반(涅槃)을 설하나니, 만약에 이 사람이 들으면 곧바로 믿고서 받아 들이리라.

34.

 비유컨대, 500유순이나 되는 험난하고 사나운 길에 텅 비어 인적마저 끊어진 두렵고 무서운 곳에, 만약에 많은 대중들이 이 길을 지나 진귀한 보배가 있는 곳에 가고자 할 적에,
 한 뛰어난 길잡이(導師)가 있었으니, 지혜가 총명하고 사리에도 밝아 험난한 길의 막히고 통한 곳을 환히 알고 있어, 여러 사람을 데리고 이 험난한 곳을 지나고 있었느니라.

거느린 대중들이 중간에 게으름이 생겨 물러나고자 길잡이에게 이르기를,

'우리들이 피로가 극심하고 또한 두렵고도 무서워서 더 이상 나아갈 수 없고, 더군다나 가야 할 길은 오히려 멀기만 하니 이제는 돌아갈까 하나이다.'

그러자 온갖 방편이 많은 길잡이가 생각하기를 '이들은 참으로 가련하다. 어찌하여 크고도 진귀한 보배를 버리고 돌아가려 하는고?'

그리고선 방편력으로 그 험난한 길의 300유순 지난 지점에다, 한 성을 변화시켜 만들고 여러 사람에게 고하기를,

'그대들은 무서워 말고, 돌아갈 생각도 하지 말지어다. 이제 커다란 성안에 머물면서 마음대로 할 수 있으리니, 만약 성 안에 들어가면

흔쾌히도 안온함을 얻을 것이며, 혹은 앞의 보배 있는 곳에 이르고자 할지라도, 또한 능히 갈 수가 있느니라.'

즈음하여 극심한 피로에 지친 대중들이 마음으로 크게 기뻐하며 일찍이 없던 일이라고 찬탄하면서, 자기들은 이제 이 사나운 길을 모면하고 흔쾌히도 안온함을 얻었다고 생각하였나니, 이에 사람들이 앞의 변화시킨 성(化城)에 들어가서 이미 구제받았다는 생각과 안온하다는 생각을 내었도다.

그때에 길잡이가 대중들이 이미 휴식을 취하여 이제는 피로가 풀렸다는 걸 알고, 곧바로 변화시킨 성을 없애고 사람들에게 이르기를,

'그대들아! 어서 가자. 보배 있는 곳이 가까이에 있느니라. 앞에 있던 커다란 성은 휴식

을 위하여 내가 변화시켜 만들었을 뿐이었다.'고 하였느니라.

35.

모든 비구들이여! 여래도 또한 다시 이와 같아서, 지금 그대들을 위하여 대도사(大導師)가 되어서 생사(生死)·번뇌(煩惱)의 사나운 길이 험난하고 아득히 멀지만, 당연히 가야하고 당연히 건너야 한다는 걸 아느니라.

그럴지라도 만약에 중생들이 오직 일불승만 듣는다면, 곧바로 여래를 보려고도 가까이도 하지 않고 문득 생각하기를,

'불도(佛道)는 아득히 멀어 오래도록 부지런히 고행한 뒤에야 가히 얻을 수 있다.'고 하리로다.

여래는 그들의 마음이 겁이 많고 나약해서

하열(下劣)한 줄 알기 때문에, 방편의 힘으로 중간에 쉬도록 두 가지의 열반을 설하였느니라.

만약에 중생들이 이 두 가지 열반에 머무르면, 여래가 그때 바로 설하기를 '그대들은 아직 할 일을 다 하지 못했으니, 그대들이 머물고 있는 지위는 부처 지혜에 가까울 뿐이다는 걸 분명히 관찰하고 주의 깊게 헤아릴지어다. 그대들이 얻은 열반은 참된 열반이 아니고, 이것은 오직 여래의 방편력으로 일불승(一佛乘)을 셋으로 분별하여 설한 것이라.'고 하나니.

마치 저 뛰어난 길잡이가 휴식을 위해 커다란 성을 변화시켜 만든 것과 같아서, 이미 쉬었다 싶으면 '보배 있는 곳이 가까이에 있으니, 이 성은 진실이 아니고 내가 변화시켜 만들었을 뿐이라.'고 말하는 것과 같으니라."

36.

이어서 세존께서 거듭하여 이 뜻을 펴시고
자 게송으로 이르시길:

頌1

①"대통지승(大通智勝) 여래께서
　도량 앉아 10소겁이 지나도록
　부처님 법 현전하지 아니하여
　성불(成佛)하지 못했거늘
②천상의 신·용왕들과
　아수라의 무리들이
　하늘꽃을 항상 뿌려
　부처님께 공양하고
③천신들은 하늘북을 두드리며
　온갖 풍악 울렸으니 향기로운
　바람 불어 시든 꽃을 쓸어 가면
　싱그럽고 고운 꽃을 새로 다시 뿌리거늘

④ 10소겁(十小劫)이 지나서야
  이제 불도(佛道) 이루시니
  모든 하늘·인간(人間)들이
  전부가 다 마음기뻐 뛰었도다.

　　　　頌2
① 저 부처님 열여섯의 왕자들이
  천만억(千萬億)의 권속에게
  에워싸여 모두 함께 나아가서
  여래(如來) 처소 도착하자
② 세존 발에 머리 숙여 예경하며
  법륜 굴려 주십사고 청하기를
  '사자같은 성인이셔! 진리의비
  저희 모두 흠뻑 적셔 주옵소서!
③ 세존 정녕 만나 뵙기 어려워서
  구원겁이 지나 한번 오시거늘
  뭇 중생들 깨우치려 시방세계

전부 진동 시키도다.' 하였으며

동쪽으로 여러 세계
오백만억 그 국토에
범천궁전 비춘광명
전에 없던 일인지라
범천왕들 이런 조짐 보고서는
부처님의 처소 곧장 찾아가서
꽃을 흩어 공양(供養)하며
궁전(宮殿) 바쳐 올리옵고
부처님께 전법륜(轉法輪)을
청하옵고 게송으로 찬탄하나
때가 아직 아니란 걸 아신 여래
묵연하게 앉아 청을 받잡더니
남서북방 또한 중간 네 군데와
위아래도 또한 다시 이러하여

꽃 뿌리고 궁전(宮殿) 바쳐
　　　부처님께 전법륜을 청하옵길
⑤ '세존정녕 만나뵙기 어렵거늘
　　　원하건대 대자비(大慈悲)로
　　　감로문(甘露門)을 활짝 여셔
　　　무상법륜(無上法輪) 굴리소서!'

　　　　　頌4
① 한량없이 지혜로운 세존께서
　　　저 대중의 간절한 청 받아들여
　　　사성제와 십이인연
　　　갖가지법 펼치시길
② '무명에서 노사까지
　　　모두가다 태어남이 원인이니
　　　이와같은 온갖 허물·재앙들을
　　　그대들은 분명하게 알지어다.'
③ 이법 널리 펴실 적에

육백만억 나유타의
　　　중생들이 온갖 괴롬 다하여서
　　　그 모두가 아라한이 되었으며
　　　두 번째의 설법(說法)에도
　　　일천만의 갠지스강 모래알 수
　　　중생들이 모든 법에 집착없어
　　　그들 역시 아라한이 되었으며
　　　이후로도 도얻은자
　　　한량없는 숫자거니
　　　만억 겁을 계산해도
　　　그 끝 알 수 없으리라.

　　　즈음하여 십육 왕자(十六王子)
　　　출가해서 사미(沙彌) 되어
　　　그들 모두 부처님께 청하기를
　　　'대승법을 연설하여 주시옵고

② 저희들과 함께 온 자 전부 불도
이루고자 하옵나니 원하건대
세존(世尊)처럼 으뜸가는
맑고 맑은 혜안얻게 하옵소서!'

頌 6

① 동자들의 그 마음과
지난 세상 행한 바를
부처님은 다 아시고
한량없는 인연들과
가지가지 비유로써
여섯 가지 바라밀과
가지가지 신통한 일 설하시고
② 진실법인 보살의 길
분별하사 법화경의
갠지스강 모래알 수
게송들을 설하셨네.

설법마친 저 부처님
고요한방 선정들어
일심으로 한곳에서
팔만사천 겁을 앉아 계시거늘
사미(沙彌)들은 저 부처님
선정(禪定) 드심 알고서는
무량억(無量億)의 중생위해
부처님의 무상지혜 설하고자
법좌(法座) 위에 각기 앉아
대승경(大乘經)을 설하면서
저 부처님 열반하신 이후에도
널리퍼서 불법교화 도왔나니
제각각의 사미마다 제도시킨
모든중생 육백만억
갠지스강 모래수의

많고많은 숫자더니
⑤ 저 부처님 멸도한뒤
　　　이 법들은 모든이들
　　　가는곳곳 제불세계
　　　늘 스승과 함께 났네.

　　　　頌 8

① 이 열여섯 사미들이
　　　불도갖춰 수행하고
　　　지금현재 시방에서
　　　각기 정각 이뤘으니
② 그때 법을 듣던 자로
　　　각기 제불 처소에서
　　　성문에만 머무는이
　　　차츰차츰 불도로써 교화했네.
③ 나도역시 열여섯의 하나로서
　　　일찍부터 너희위해 설하여서

그대들이 불지혜에 향하도록
　　방편(方便)으로　이끌다가
　이런 본래 인연(因緣)으로
　　지금에야 법화경을 설하여서
　　그대들이 불도안에 들게 하니
　　놀라거나 두려워들 말지어다.

　비유컨대 험하고도 사나운 길
　　인적 없고 독한 짐승 많거니와
　　더군다나 물도없고 풀도없어
　　사람이면 두려워할 그런 곳을
　많고많은 천만대중
　　이 험한곳 지나갈적
　　황량하고 멀고먼 길
　　그 거리가 오백유순!
　때맞춰서 길잡이가 있었으니

해박하며 지혜로워 환히 알고
　　마음 또한 강단(剛斷) 있어
　　험난한 길 온갖 환난 헤쳐 갈 때
④ 사람들이 피곤하고 싫증나서
　　길잡이께 사뢰기를
　　'지칠 대로 지친 우리
　　돌아가고 싶나이다.'
⑤ 길잡이가 생각하길
　　'이 사람들 가련하고
　　가련하다 귀한 보배 앞에 두고
　　어찌하여 돌아간단 말이런고!'
⑥ 바로 즉시 방편(方便)으로
　　신통력을 펼치리라 생각하고
　　커다란 성 변화시켜 만들어서
　　크고 작은 모든 집들 장엄하고
⑦ 주위에는 숲 동산과 개천 물과

　　　　목욕할 못 둘렀으며
　　　　겹겹 문과 높은 누각
　　　　남녀들이 가득 차게
　　　　변화시켜 만든 뒤에
　　　　대중에게 위로하여
　　　　말하기를 '두려워들 말지어다.
　　　　그대들이 이 성안에 들어가면
　　　　저마다가 마음대로 즐기리라.'
　　　　모든 사람 이미 성에 들어가서
　　　　마음 크게 기뻐하고
　　　　안온하단 생각 내어
　　　　이미 구제 받았다고 여기거늘
　　　　길잡이가 족히 쉼을 이미 알고
　　　　대중들을 모아놓고 고하기를
　　　　'너희 응당 전진해야 할 터이니
　　　　이 모두가 변화시킨 성이라네.

⑪ 내가 너희 보아하니
　쌓인 피로 극심하여
　가는 도중 포기할새
　방편으로 변화된 성 지었거늘
　그대들은 부지런히 정진하여
　응당 함께 보배 장소 나아가세.' 하였도다.

　　　　頌10
① 나 역시도 이와 같이
　모든 이의 길잡이라
　도구하는 모든 이들
　수행 도중 게으름을 피우면서
　능히 생사·번뇌 온갖 험한 길을
　건너가지 못함 보고
② 방편의 힘 사용하여
　휴식토록 열반이란 말을 해서
　'그대들은 괴로움을 멸하였고

이미 할일 다 했노라.' 하였으니
이 말 듣고 이미 열반 이르러서
아라한을 얻은걸로 잘못 알새
이에 대중(大衆) 모아놓고
진실(眞實)한 법 설한다네.
제불(諸佛)께서 방편으로
분별하여 삼승법(三乘法)을
설하지만 있는것은 일불승 뿐!
휴식위해 두가지를 설하였네.
이제 너희 위해 진실 설하노니
너희 얻음 참된 멸도 아니거늘
부처님의 일체지를 얻기위해
일심으로 용맹정진 일으키라.
그대들이 일체지와 십력 등의
부처님 법 증득(證得)하여
삼십이상(三十二相) 갖추어야

바로 참된 멸도(滅度)건만
ⓐ 길잡이인 제불(諸佛)께서
　　휴식 위해 열반(涅槃)이라
　　설하시고 이제 이미 쉰 줄 알면
　　불지혜에 들어가게 이끌도다."

묘법연화경 화성유품 제7 마침

한글 묘법연화경 사경 ❷

불기 2567(癸卯)년 7월 15일 1쇄인쇄
불기 2567(癸卯)년 7월 25일 1쇄발행

편역인 | 각운 석봉곡(覺雲 釋峰谷)
발행처 | 불갑사 전일암
전남 영광군 불갑면 불갑사로 452-77
☎ 010-5558-4312
Email. mahaya14@hanmail.net
제작처 | 불교서원
광주광역시 동구 동계천로95번길 34
☎ (062)226-3056 · 5056(팩스)
출판등록번호 : 제 105-01-0160호
ISBN 978-89-88442-37-1(94220)
ISBN 978-89-88442-35-7(5권세트)

정가 6,000원

본 책의 글 내용과 그림의 전재 및 복제를 금합니다.
책에 실린 변상도 저작권은 편역인에게 있으며 허가 없이 사용할 수 없습니다.